ドイツで出会った
街・城・博物館

金武　直幸

三恵社

目　次

はじめに

1984～85年に旧西ドイツ・シュトゥットガルトに滞在し、その経験を書籍「ドイツで出会ったカルチャーショック」に整理した。初めての海外生活であったが、妻と2人の幼い子供と共に、ガイドブック片手にドイツの多くの街を楽しんだ。それ以来ドイツを好きになり、様々な形でドイツとの関わりを続けてきた。そして2018年の夏には、ドルトムントに滞在する機会を得て、夫婦で30余年前を思い出しながらドイツの街を楽しんだ。その間にも、出張や個人の旅行でドイツの街を訪問する機会が幾度もあった。そして最近、この40年の間にドイツで撮り集めた写真を眺めることが多くなり、今までに私が訪ねたドイツの街は、後ページの地図のように相当な数になることが分かった。そこで、今までにドイツで出会った街を思い出し、街並と共に城・教会・博物館などを整理することにした。

1980年代には、ドイツの街を車で旅行した。カーナビも無い当時であったが、ドイツの街はとても分かり易かった。街の中心部に広場があり、広場の周辺に教会や市庁舎がある。教会には高い尖塔（鐘塔）がそびえ立っているので、遠くからもよく分かる。教会の塔を目指して車を走らせると街の中心部に到着する。中心部には観光案内所があるので、そこで情報を得ると街の観光を容易に始められる。お昼になったら、市庁舎の地下で食事をする。どこの街にも中心部に市庁舎があり、市庁舎の近くにレストラン「ラーツケラー（市役所の地下）」があるので、その地方の郷土料理を味わうことができる。

日本の観光名所の多くが城・寺・神社であるように、ドイツの観光名所は城と教会であり、当時のアルバムには多くの城と教会の写真が残されている。ドイツの城には、ブルク、シュロス、フェストゥンクなどの名前が付いている。ブルクは軍事的機能を持った中世の城塞（砦）であり、多くが山城である。ブルク（城塞）より軍事的機能を重視したのがフェストゥンク（要塞）である。一方、シュロスは君主の館で、軍事的機能よりも居住性と行政機能を強化した、近世の平城（宮殿）である。

また、ローテンブルクのように「〇〇ブルク」という都市名も多くあり、街全体を城壁で囲んで要塞化していた城塞都市で、城壁が残っている街も多くある。そして、多くの都市には中世の城壁跡に囲まれた旧市街があり、見どころの多くは中心部の旧市街にあるので、初めての街でも大変分かり易い。また、各地で教会・宮殿・市庁舎などを見学して、ロマネスク様式・ゴシック様式・ルネサンス様式・バロック様式などの建築様式があることを知った。

2018年には、ドイツの珍しい博物館を見学して歩いた。きっかけは、小前ひろみ著『とってもドイツ博物館めぐり』（東京書籍、2000年）に出会ったことである。小前氏は著書に「ドイツ人の博物館好きは定評があり、どんな小さな町にも博物館が存在する」と記している。その著書に誘われて、ガイドブックには紹介されていない博物館や、日本ではあまり知られていない博物館を見学する旅に出た。そして、改めて1980年代の写真を見返してみると、当時にも珍しい博物館を訪ねていたことが分かった。当時の博物館が今も健在であるかを、最近のネット情報で調べてみるのも楽しいものである。

今まで40年の間に訪ねたドイツの街を振り返り、撮り集めた写真とネット情報の助けを得て、私がドイツで出会った街・城・博物館を、ドイツの観光街道に沿って整理することにした。しかし、記憶を蘇らせて活字にすることは思ったほど容易ではなく、人生の終活をする思いで進めた。そんな折に新聞紙上で、私の背中を押してくれる言葉を見つけた。それは「何年経っても、旅の記憶が人生を後押し勇気づけてくれる」であった。

2024年7月

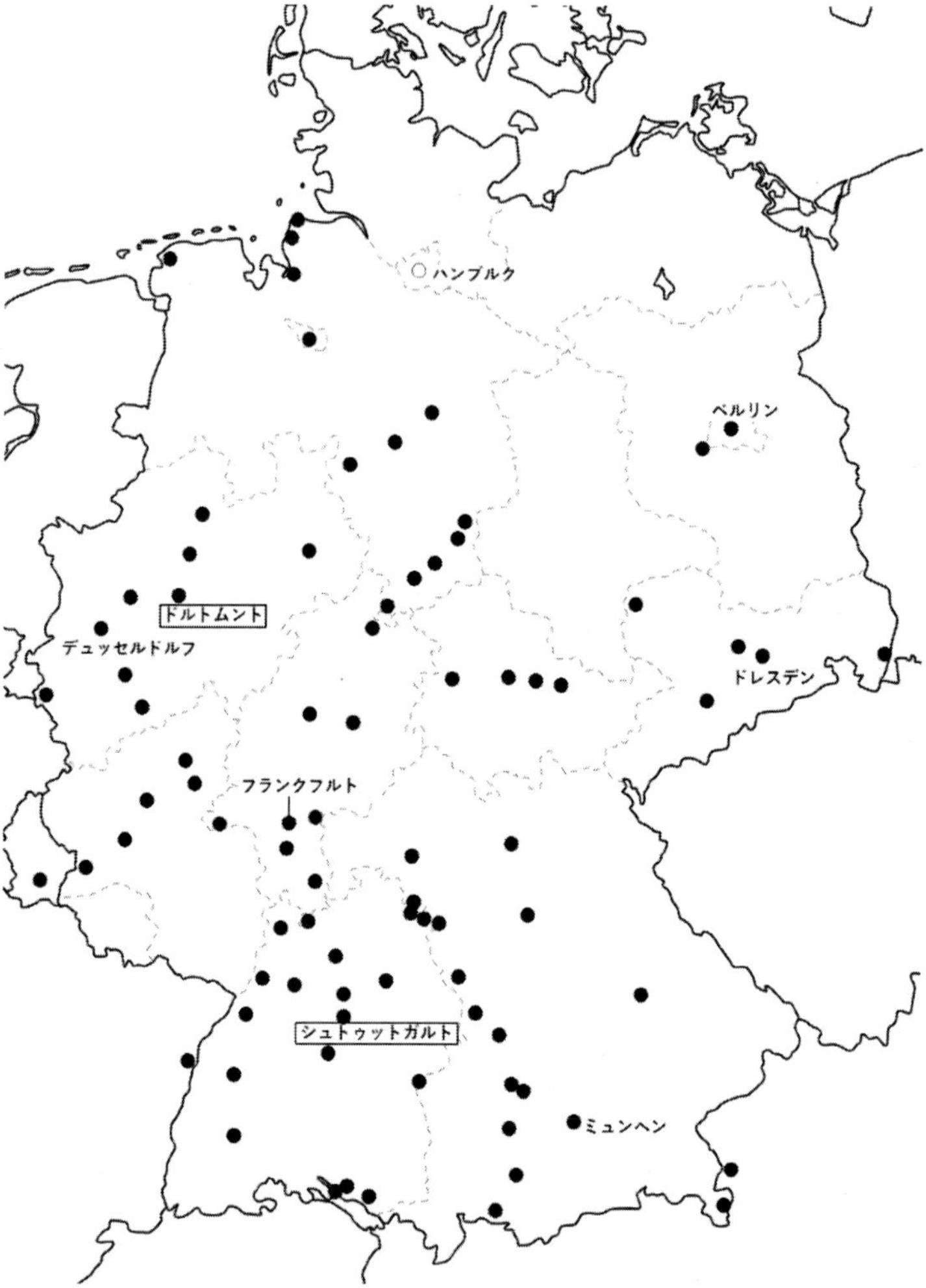

私が訪ねたドイツの街(本書に登場する街)

ファンタスティック街道と黒い森

シュトゥットガルトの新宮殿とシュロス広場

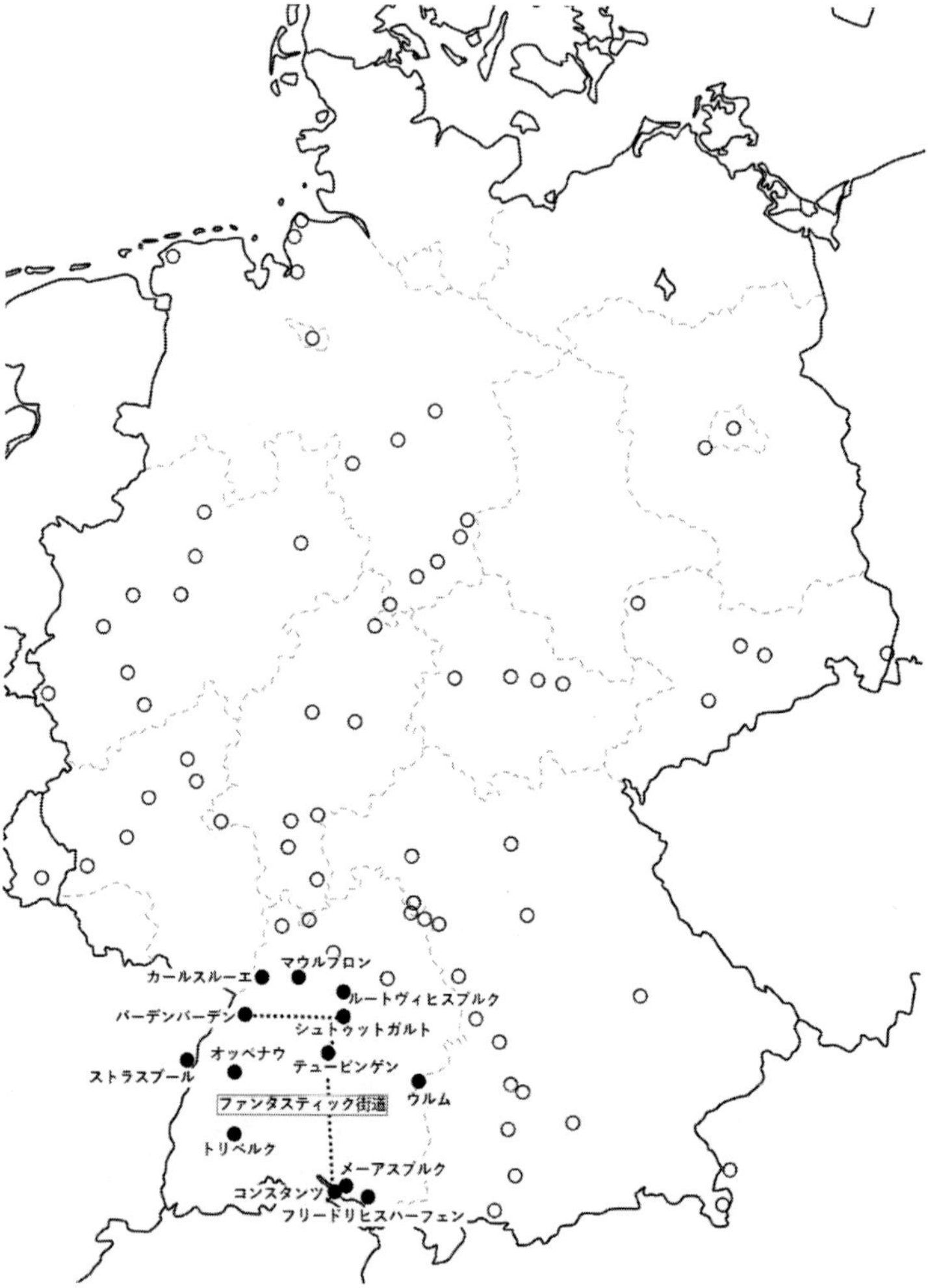
マウルブロン
カールスルーエ
ルートヴィヒスブルク
バーデンバーデン
シュトゥットガルト
オッペナウ
ストラスブール
テュービンゲン
ウルム
ファンタスティック街道
トリベルク
メーアスブルク
コンスタンツ
フリードリヒスハーフェン

40年前に初めてドイツで暮らしたのがシュトゥットガルトで、この街は私の故郷である。それ以来ドイツを訪問する際には、可能な限りシュトゥットガルトに立ち寄っていた。シュトゥットガルトは、バーデン・バーデンからボーデン湖（コンスタンツ）に繋がるファンタスティック街道の街であり、周辺の街や観光名所にもよく足を運んだ。2018年の博物館巡りでは、ボーデン湖畔のツェッペリン博物館やウルムのパン博物館を見学した。

我が故郷シュトゥットガルト

シュトゥットガルトでは、2010年頃から中央駅を大きく変更する鉄道プロジェクトが進んでおり、現在も進行中であるが、完成すると表玄関の顔が大きく変わるようである。私が知るシュトゥットガルトの中央駅は、欧米に多い頭端式（行き止まり式）の駅で、駅舎の建物にはベンツの看板マークがそびえていた。この看板マークの建物だけは残るようであるが、新しい中央駅は通過式の駅となり、私が知るシ

中央駅のベンツの看板

ュトゥットガルトの中央駅はアルバムに残るだけとなった。

街の中心部には「川」の字のように三本の大きな通りがあり、真ん中の通り（ケーニッヒ通り）は、商店が並ぶ歩行者専用道になっている。商店街の背後は緑地公園（シュロス庭園）になっていて、ケーニッヒ通りと並行して広大な緑地が拡がっている。この歩行者道路には、本書の付録にあるような木馬の遊具があり、親子で商店街の散歩を楽しんだ。

中央駅から500メートルほど歩くと、本章冒頭の写真にあるシュロス広場（宮殿広場）があり、18世紀に建てられた新宮殿と10世紀に建てられた旧宮殿が隣接している。新宮殿はバーデン・ヴュルテンベルク州の州庁舎として利用されており、旧宮殿は歴史的な文化遺産を展示した州立博物館になっている。

私が滞在していた時には、12月が近づくと、旧宮殿の中庭でクリスマスマーケットの開会式が行われていた。大きなクリスマスツリーが立てられ、宮殿の回廊で聖歌隊の合唱が披露されて、幻想的な冬の夜を楽しませてもらった。

シュロス広場周辺が街の中心部で、広場を挟んで新宮殿の向かい側には、ケーニッヒスバウと呼ばれる柱廊が見事な建物があ

旧宮殿の中庭

り、内部はショッピングモールになっている。旧宮殿の隣には、劇作家（詩人）シラーの像が立つシラー広場があり、広場の横にシュティフト教会がある。シュトゥットガルトを代表する大きな教会で、教会コンサートも開催されていた。この教会の近くにマルクト広場と市庁舎があり、シュロス広場・シラー広場・マルクト広場とつながる中心街で、12月のクリスマスマーケットや9月のワイン祭りなど、様々なイベントが開催される。

シュトゥットガルトのクリスマスマーケットは、ニュルンベルク、ドレスデンと並んで、ドイツ三大クリスマスマーケットとされている。300年以上の歴史がある世界最大規模のクリスマスマーケットで、特に趣向を凝らした屋台の屋根飾りが個性的で有名である。シュトゥットガルトのクリスマスマーケットを2回楽しませてもらったが、グリューワイン（ホットワイン）を飲みながら屋台を見て回る雰囲気は特別である。そして、忘れられないのが鯖の炙り焼きで、一

シュティフト教会

ケーニッヒスバウ

匹の鯖をそのまま串に刺して炙り焼きしている屋台があった。ドイツで初めて見た焼き魚で、しかも大きな鯖が鮎の串焼きのように屋台で売られていたことに感動した。その場で購入して食べたことはよく覚えているが、写真に残していなかったのは残念である。

8月下旬から9月上旬に開催されるワイン祭りも、南ドイツで最も美しいワイン祭りとされている。クリスマスマーケットと同様に広場に屋台が並び、ワイングラスを片手に屋台を見て歩いた思い出が懐かしい。

マルクト広場では屋外市場が開催されるが、広場の近くには常設の屋内市場「マルクトハレ」がある。体育館のようなホール（ハレ）の中に、肉・野菜・ワインなどの食品を始め、生活雑貨や衣類の店も並んでいる。1914年に建てられて一〇〇年以上の歴史があり、ショッピングモールの元祖とも言える場所である。同じようなマルクトハレをドレスデンの街でも見たが、ベルリンやフランクフルトにもあるようで、いずれも19世紀末から20世紀初めに建てられた屋内市場である。

街の中心部から1キロほど離れ、中央駅から歩くと30分ほどの場所に、もう一つの教会がある。19世紀に建てられたゴ

マルクトハレ

シック様式のヨハネス教会で、フォイアーゼーという池（湖）に突き出た半島に建っていて、水の上に浮かんでいるような美しい教会である。教会の正面は半島の陸地側であるが、池に面した後から見る教会(下の写真)が絵になる美しい姿であった。日本人を始め観光客にはあまり知られていないようで、現地で観光客を目にすることはほとんどなかった。

シュトウットガルトは州都で大都市であるが、街の中心部には緑が多く見られる。ケーニッヒ通りと並行に拡がる緑地公園（シュロス庭園）は街の郊外まで続き、その先には広大なヴィルヘルマ動物園がある。その辺りは葡萄畑が広がるバート・カンシュタット地区である。

郊外の別の場所には、シュトウットガルトで最も人気のある緑地公園、ヘーエンパーク・キレスベルクがある。広大な花壇や芝生広場の他、公園内を周遊する遊覧鉄道もあり、家族で楽しませてもらった。このように、広大な緑の公園・庭園が街の近郊にあるので手軽に散歩に出掛けられ、幼い子供を連れてい

キレスベルク公園

ヨハネス教会

た我々家族には暮らし易い街であった。

街の南部には、シュトゥットガルトのランドマークになっているテレビ塔があり、周辺の街はもちろん、遠くアルペン地方の山々も見渡せる。当時私が日本で住んでいた名古屋にもテレビ塔がある。名古屋のテレビ塔は1954年、シュトゥットガルトのテレビ塔は1956年の完成で、どちらも200メートルほどの高さであるので親しみを感じていた。しかし、鉄骨製の名古屋のテレビ塔とは異なり、シュトゥットガルトのテレビ塔はコンクリート製の円筒形でスマートな雰囲気であった。ベルリンのテレビ塔もコンクリート製の円筒形であり、日独のテレビ塔の違いにも興味を覚えた。

テレビ塔

シュトゥットガルトの博物館

シュトゥットガルトではリンデン民族博物館、ベンツ博物館、ワイン博物館、農業博物館などを見学した。リンデン民族博物館には、世界各地域の民族・文化の歴史など膨大な量の所蔵品が展示されている。東洋の民族・文化の展示場所には、18～19世紀の日本の美術工芸品も多数展示されている。日本の展示品の多くは、明治時代に日本に招かれたお雇い外国人で、ドイツ人医師のエルヴィン・フォン・ベルツ（1849～1913）が収集してドイツに持ち帰った物であった。日本の展示コーナーには、茶道具や着物の他、日本の家屋や茶室・庭園などが実物大に再現して展示されている。日本の民族文化がこれほど広い展示場所に紹介されている博物館は、世界にも少ないだろう。

この博物館で、展示品を鑑賞するための椅子を初めて知った。博物館の入口に折畳みの椅子が置かれていて、それを持ち歩いて展示品の前に座り、ガイドホンを聞きながらゆっくり鑑賞するのである。館内で椅子を利用している人を見かけたので、入口へ戻って椅子を借りて利用した。

改めてドイツの写真を見返すと、北部ミュンスター（後述）の市庁舎「平和の間」で説明を聞いている写真にも、同様の椅子を利用している人が写っていた。それまで椅子があることは全く知らなかったが、その後は意識して椅子を探して利用した。ガイドホンや案内人の説明を聞きながら展示品をゆ

博物館の椅子

つくり鑑賞するために、大変ありがたい椅子であった。

中央駅にベンツの看板マークがそびえているように、自動車会社メルセデス・ベンツはシュトゥットガルトを代表する会社である。町の北東部、ネッカー川に近いバート・カンシュタット地区に、メルセデス・ベンツの工場と博物館があった。現在のベンツ博物館は2006年に新築されたが、私たちが滞在していた1980年代には、自動車工場の敷地内にある建物の一部が博物館になっていた。世界の自動車をリードしてきた会社の、操業初期からの歴史的な車が多数展示されていた。展示してある車の座席に座ることもできて、幼い子供を連れていても飽きることなく広い博物館を見学できた。昭和天皇が使用された、菊の紋が付いた御料車も展示されていた。自動車の聖地とも言えるシュトゥットガルトにはポルシェの博物館もあり、車好きを楽しませてくれる。

ネッカー川が流れるバート・カンシュタット地区は、モーゼル川やライン川の周辺と同じように葡萄の栽培が盛んで、ワインの醸造所が点在していた。私はこの地区のワインを好んで飲んでい

昭和天皇の御料車

操業初期の車

たが、近くにワイン博物館があることを知りさっそく出かけた。そのワイン博物館の正面で見た、愛嬌のある笑顔の紳士の胸像が印象的で今もよく覚えている。日本酒の酒蔵を見学するような雰囲気で、歴史のありそうな大きなワイン樽や葡萄圧搾機などが展示されており、ワインの試飲もできた。ネット情報によれば、このワイン博物館は2012年に改装されてリニューアルオープンし、今はさらに大きな立派なワイン博物館になっているようだ。そして、あの紳士の胸像は今も健在であることを知り、懐かしく嬉しくなった。

シュトゥットガルトの南方に、農業科学の研究を主体としたホーエンハイム大学があり、近くに大学が管理する植物園と農業博物館があった。18世紀に建てられたホーエンハイム城（宮殿）が大学として利用されており、城の庭園が大学の植物園になっている。その植物園（ホーエンハイマー庭園）は一般市民も自由に入園することができるので、家族で弁当を持参してハイキングに出掛けた。広大な農業博物館には、農機具や農業技術の歴

ワイン博物館の胸像

農業博物館

史が展示されており、外にはトラクターなど大きな農作業機械も展示されていた。農業に関する多くの展示品が、分かり易く並べられている立派な博物館であったが、観光用ではないためか、我々以外の入館者はほとんどいなかった。

ファンタスティック街道北部の街

街道北部では、ルートヴィヒスブルク、マウルブロン、カールスルーエの街を訪ねた。シュトゥットガルトの北、ルートヴィヒスブルクには観光名所の城（宮殿）がある。城の名は「レジデンツシュロス・ルートヴィヒスブルク」である。城のドイツ語（シュロスとブルク）を独り占めしたような名で、しかもレジデンツ（邸宅）のシュロス（宮殿）と羨ましいような名称である。

ルートヴィヒスブルク城

シュロスの典型的な形で、豪華な宮殿とその周囲に広大な庭園がある。シュトゥットガルトの宮殿に住んでいたヴェルテンベルク公が、夏の離宮としてフランス・ヴェルサイユ宮殿を模して18世紀に建造した、ヨーロッパでも屈指の規模のバロック様式の宮殿である。宮殿内には400以上の部屋があり、黄金の広間、騎士団の礼拝堂、宮殿劇場など豪華絢爛な見どころが満載である。宮殿正面には噴水と花壇の庭園、宮殿の脇には、ヴェルサイユ宮殿を手本にした幾何学模様の庭園があり、その奥には広大な緑地庭園が拡がっている。

広大な庭園の一部はメルヘン庭園（おとぎ話の庭）になっており、おとぎ話のオブジェを楽しむユニークな庭園で、広い緑地庭園の見学に飽きかけた子供たちを楽しませてくれる。お腹の中を通り抜けられる「赤頭巾ちゃん」の狼、ドアをたたくと巨大なおじさん「ゴリアテ」が顔を出す城、三つ編みの長い髪が下りてくる「ラプンツェル」の塔、ボートに乗って「ピノキオ」のおとぎ話を楽しむ水路など、子供も大人も一緒に楽しむことができる。

このメルヘン庭園は1959年にオープンし、当初は9個であったオブジェも現在は50個ほどになり、今も子供たちに大

「赤頭巾ちゃん」の狼

人気のようである。子供の教育に熱心なドイツらしさを感じさせる庭園であった。しかし、この素晴らしい宮殿と庭園の観光には、シュトゥットガルトを拠点にほぼ一日を要するため、残念ながら短期間の旅行では見学が難しい場所である。そんな豪華な宮殿と庭園を二度も訪ねられたのは幸運であった。

シュトゥットガルトの西方にあるマウルブロンには、世界遺産に登録されている修道院がある。1147年の建立で、中世の修道院の姿を最もよく残していると言われ、今は神学校として使用されている。この修道院は、作家ヘルマン・ヘッセの小説『車輪の下』の舞台としても知られており、ヘッセ自身がマウルブロンの神学校に通っていた時期もあるようだ。この修道院を1985年に見学したが、当時はそのような有名な場所とは知らずに見学していた。修道院教会の聖歌隊の椅子にある、見事な木彫り装飾の写真も残っている。

私がシュトゥットガルトに滞在している時に、大好きになっ

聖歌隊の椅子

マウルブロン修道院

た料理の一つがマウルタッシェンである。挽肉や野菜を混ぜた具を小麦粉の皮で包んだ、大きな餃子のような料理で、この地方（シュヴァーベン地方）の郷土料理であるが、このマウルタッシェンは、ここマウルブロン修道院が発祥と言われている。

マウルブロンのさらに西方、シュトゥットガルトから60キロほど西にカールスルーエの町がある。観光地ではないが、この町には二人の知人がいたので一度となく訪問する機会があった。一人は日本人で、私と同じ大学で原子力関係の研究に携わっていて、やはり1980年代にカールスルーエの原子力研究所に勤務していたので、当時この町を訪ねた。もう一人は、40年前のシュトゥットガルトで親しくなり、今も交流を続けているドイツ人である。彼はカールスルーエに住んでいて、2018年のドイツ滞在時に街を案内してもらった。

カールスルーエとは「カールの安らぎ」という意味で、18世紀のバーデン辺境伯カール・ヴィルヘルムの都市計画によってできた町である。町の中心にあるカールスルーエ城から放射状に道が作られているので、とても美しい街並の景観であった。カールスルーエ城

カールスルーエ城からの景観

は、前述のルートヴィヒスブルク城と同じように、荘厳な宮殿建物と広大な庭園がある。宮殿の中央の建物（塔）には螺旋階段があって登ることができ、塔の上から放射状の街並を眺めることができる。

ファンタスティック街道中部の街

街道中部では、テュービンゲンとウルムの街を訪ね、近くのホーエンツォレルン城を見学した。シュトゥットガルトの南にあるテュービンゲン、学生や大学関係者が多い大学町である。街中は石畳の坂道が多く、ベビーカーを押して歩くのが大変だった。街の中心部には15世紀に建てられた美しい市庁舎があり、正面に1511年製の天文時計が付いている。

石畳の坂道を上がって行くと、街の高台にホーエンテュービンゲン城があり、現在は大学の博物館として公開されている。石造りの重厚な城門まで、結構な距離と勾配の上り坂を歩いた印象であり、城から見る街の眺望も絶景であった。そ

テラスのある屋根

市庁舎の天文時計

の景色の中に、三角屋根の大きな家（集合住宅？）を発見した。その建物の屋根にテラスが見えて、屋根裏部屋のような住居になっていた。

テュービンゲンの南20キロほどの山の上に、ホーエンツォレルン城がある。11世紀頃に建てられた城で、ノイシュヴァンシュタイン城やエルツ城とともに、ドイツ三大美城の一つとされている。40年前に滞在していたシュトゥットガルトから車で一時間半ほどであるが、当時はこの城を見学する機会が無く、2016年に初めて見学した。ファンタスティック街道に孤立するように立っている山城で、どの方向から眺めても美しい城であり、城からの眺望も素晴らしい。山の頂に立つ城の姿はまさにブルク（山城）であり、時には雲海に覆われる姿から「天空の城」とも呼ばれている。私が毎日目にする岐阜城（岐阜市・金華山の頂上）の姿と同じであり、岐阜城も雲海に覆われると「天空の城」になる。

岐阜城(岐阜市)

ホーエンツォレルン城

城壁の周りを歩いている時はブルク（砦）の雰囲気であるが、城門をくぐって城内に足を踏み入れると、部屋の内装などはシュロス（宮殿）であり、ドイツ三大美城であることを実感できる。また、中庭の雰囲気も素晴らしく、ブルク（山城）の王様とも言えるモーゼル川沿いのエルツ城（後述）と似た雰囲気でもあった。

この城を訪問する観光客は多いようだが、日本ではあまり知られていない。最大の理由は交通アクセスの悪さであろう。公共交通で行くことは難しく、ツアーバスやレンタカーを利用することになり、短期間の個人旅行で見学するのは難しい城である。

ホーエンツォレルン城の中庭

シュトゥットガルトの南東、ミュンヘンとの中間にあるウルムの街とパン文化博物館を2018年に訪ねた。シュトゥットガルト中央駅の鉄道プロジェクトと同様に、ウルムの中央駅付近でも大きなクレーンが幾つも立っていた。ガイドブックで、ウルムは物理学者アインシュタインの生誕地であり、駅の近くに彼のモニュメントがあることを知った。しかし、駅前の工事のためか、モニュメントは見つけられなかった。

街の中心ミュンスター広場には、世界一の高さを誇る大聖堂がそびえ立っている。塔の上に展望台があり、階段で上がることもできるようだ。内部のステンドグラスやレリーフも見応えがあり、カメラのシャッターを押し続けた。

大聖堂の見学を終えて市内を散策した。まず目に入ってきたのは、色鮮やかな壁画で覆われた市庁舎の建物である。14世紀に建てられたゴシック様式の建物で、壁には天文時計もあり、どの方向から見ても見飽きない市庁舎であった。

市庁舎から南に行くとドナウ川があり、肉屋の塔という石塔をくぐると川に沿って城壁がある。城壁の上を歩いて行くと、かつて漁業職人が住んでいた漁師の地区に出る。漁師の地区にはドナウ川に注ぐ水路が多くあり、水路の畔や中州に可愛い木組みの家が並んでいる。

ウルムの市庁舎

ウルムの大聖堂

その一つが、世界で最も傾いた家「シーフェス・ハウス」である。木組みの梁や柱が傾いて水路に面して建っており、観光客の多くが立ち止まって眺めていた。外壁に貼られた説明には、「1443年に建てられ、1997年にギネス記録に登録された」と記されていた。ホテルとして利用されており、内部は傾きを感じない近代的な設備のようだ。ドイツでよく見る木組みの家には、日本の木造家屋のような通し柱が無く、階ごとに上乗せするように造られるので、地盤がゆるいと家が傾くようである。

傾いた家（奥）

ウルムにあるパン文化博物館、昔は穀物や塩の倉庫だった大きな建物の一〜四階が博物館になっている。パンが製造される工程や道具など、パン文化の展示はもちろんのこと、世界の食文化の歴史や課題など、多岐に亘る展示の多い博物館であった。日本語の音声ガイドもあり、音声ガイドを聞きながら全てを見学すると、2時間以上かかる広大な博物館であった。

展示品の中で興味を持った一つが、豆腐屋ならぬパン屋のラッパである。中世（?）の頃に、パン屋でパンが焼き上がるとラッパを吹いて市民に知らせたのだ。

展示の中には未来の食文化への課題提起もあり、地球温暖化による干ばつ予想や飢餓の現状などが展示されていた。温暖化による気温の上昇で、地球上の水が年々減少していることを示すグラフの横には、「最後の晩餐」と題した絵画があった。干ばつでひび割れた地上で、皿に盛られたサソリのご馳走を食べる絵であった。絵の前にはペットボトルの水が百本ほど並べられており、環境問題と真正面に向き合うドイツらしさを感じた。2022年の夏に、熱波に襲われたフランス南部で、干上がってひび割れした湖底の写真がテレビ報道された。その報道を見ながら、この博物館で見た「最後の晩餐」の絵画を思い出していた。

飢餓に関する展示では、世界の人口増加の推移を予想したグラフの横に、各国の飢餓の現状を色分けした世界地図が展示されていた。その世界地図をよく見ると日本列島が描かれていなかった。欧州の世界地図は大西洋が中心で、日本は右（東）端にあることは承知しているが、この地図の右端には日本列島が無かった。オーストラリアの東にあるニュージーランド島も見当たらない。大陸の端に

絵画「最後の晩餐」

パン屋のラッパ

ある極東の島国は、欧州からは遠くの小さな異国であって忘れられているようだ。博物館を出る際に係員に話したら既に承知していて、「知っていますけど、何も理由はありません。ごめんなさい。」と謝罪されたが、日本人にとっては何とも寂しい展示であった。

ボーデン湖畔の街と博物館

ファンタスティック街道の終点、ボーデン湖畔のコンスタンツとマイナウ島を1985年に訪ねた。また、小前氏の著書で、ツェッペリン飛行船の資料を展示した博物館がボーデン湖畔に二つあることを知り、2018年の夏に、フリードリヒスハーフェンとメーアスブルクの街を訪ねた。

ボーデン湖の西端、ドイツとスイスの国境の町コンスタンツには、ウルムと同様に、街の中心に大聖堂の塔がそびえている。私たちが街を訪ねた時、大聖堂で結婚式を終えたカップルが広場に出て来たので、私たちも立ち

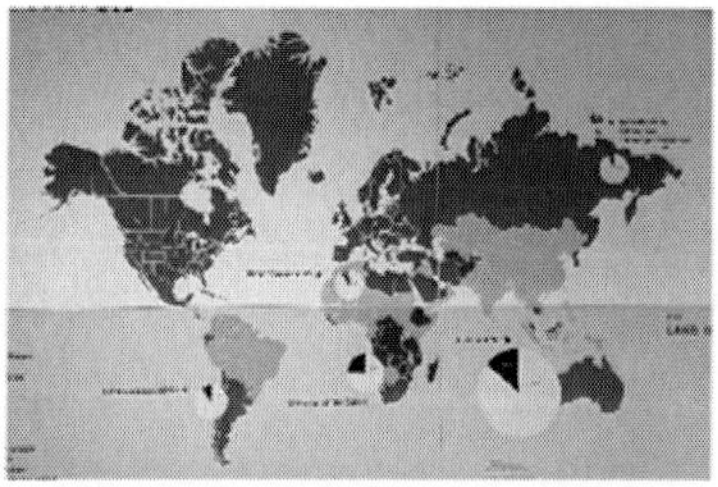
日本列島が無い世界地図

結婚式を終えたカップル

止まって一緒に祝福した。

コンスタンツの周辺で撮った写真には、外壁に壁画が描かれた建物が多く写っている。その一つがグラーフ・ツェッペリンというホテルであった。スイス北部の街中でも同様に壁画のある建物をよく見かけた。

コンスタンツの北、ボーデン湖に浮かぶ「花の島」マイナウ島は、日本ではあまり知られていないが、年間百万人もの観光客が訪れる観光名所である。年中花を絶やさないこの島が、島にある宮殿と共に個人の所有であると聞いて驚いた。広大なバラ園には様々なバラが咲き乱れており、長い階段状の滝の両側には、彩り豊かな花々や木々が植えられていた。また、色鮮やかな花を集めて造った孔雀や兎など、巨大な花のオブジェが幾つもあった。

孔雀のオブジェ(花の寄せ植え)

アスレチック遊具

グラーフ・ツェッペリン

島内には木製のアスレチック遊具もあったが、マイナウ島のホームページによれば、昔のボーデン湖地域の集落を反映した遊具であった。湖上の集落では、杭で支えられた家から家へ移動するのに吊り橋を利用していたとあり、そんな昔の集落を模した遊具が写真に残っている。この花の楽園と遊びの楽園を、40年前に幼い子供と共に楽しませてもらった。

2018年の夏、バケーションの時期でホテルを予約できなかったので、フリードリヒスハーフェンの民泊を利用した。日本でも民泊関連法が施行されて話題となっていた頃で、初めて利用した民泊であった。事前に約束した時間に宿へ行くと、オーナー（管理人）が鍵を持って待っていた。保証金（預り金）と引き換えに鍵を受け取り、その後はオーナーと会うことも無く自由に出入りができる。利用期間が終わってオーナーと再会して鍵を返すと、室内を点検した上で保証金を返してくれる。初めての民泊であったが、自炊が可能な設備も整えられており、我が家のように利用でき、2泊で退去するのが寂しく感じられた。

宿から街を歩いてツェッペリン博物館に向かう途中、市役所や教会がある広場の近くで面白い噴水を見つけた。角が生えた魚な

幻想的な彫像の噴水

ど、幻想的な動物の彫像から水が出ている噴水で、子供たちが水と戯れて楽しんでいた。ネット情報によると、この噴水はフリードリヒスハーフェンの名所のようであるが、観光客にはあまり知られていないようだった。

子供の頃に、飛行船のような大きな風船（広告用の風船）が空に浮かんでいるのをよく見かけた。20世紀初頭の欧米では、大きな風船（飛行船）が人の移動や軍用のために使用されており、ツェッペリン飛行船は世界を周遊し日本にも寄港した。飛行船は木材や金属で骨格を作り、外皮を張って内部に風船（ガス袋）を収納する構造である。ツェッペリン飛行船では、その骨格にアルミニウム合金が使用されており、材料工学を専門とする私には特に興味があった。

フリードリヒスハーフェンの駅前広場には、「この町はツェッペリン飛行船と共にある」と記した石のモニュメントがあった。飛行船の開発に取り組んだツェッペリン伯はコンスタンツの生まれで、彼が開発した飛行船の第一号機が浮揚したのが、フリードリヒスハーフェンのボーデン湖畔であった。それを記念して、1996年にこの町に博物館が建造され、ドイツに四つあるツェッペリン博物館の中で最も大きいようである。博物館はボーデン

石のモニュメント

湖を背にして建っており、以前は港湾駅舎だった建物を改装して建造されたようだ。博物館前の広場には、飛行船を模した銀色のモニュメントがあり、子供たちの遊具になっていた。

博物館に入って一階のロビーでまず目にしたのは、「ツェッペリン」の名を冠したマイバッハ社製の高級乗用車である。マイバッハ社はツェッペリン飛行船のエンジンを製造していたようで、ダイムラー社と共に、自動車会社がツェッペリン飛行船の製造に関わっていたのだった。

ロビーから階段（タラップ）を上がって飛行船に乗り込むようになっている。タラップを上がって船室に入ると、優雅な飛行船の船内や窓からの展望を体感できる。豪華客船ヒンデンブルク号の船内間取り（部屋の配置）を示す模型があり、船内の客室やトイレが実物大で再現展示されている。ラウンジにはピアノがあり、ホテルの客室のような家具や調度品が置かれている。船内で使用される食器類には、ツェッペリンオリジナルのロゴマーク（LZ）が付いていて優雅さを彩っている。

マイバッハ社のツエッペリン号

博物館と飛行船の遊具

ホテルのような客室を空に浮かべる、飛行船の本体部分（風船部分）の骨組みに関する展示は特に興味がある。飛行船本体の一部を実物サイズで組み上げたアルミニウムの構造物が展示されているので、飛行船本体の大きさを実感できる。また、アルミ製構造物を手に持って重さ（軽さ）を体感でき、力が加わった時の変形の様子など、専門的な内容も分かり易く説明展示されていた。ホテルのような客室を運ぶ、飛行船のエンジンやプロペラも想像以上に大きく、当時のマイバッハ社やダイムラー社の製造技術のレベルの高さが窺える。広い博物館の見学には3時間以上を要したが、時間を忘れて展示に見入っていた。

ボーデン湖畔のもう一つのツェッペリン博物館があるメーアスブルクは、フリードリッヒスハーフェンからバスで30分ほど西方である。町の名称を日本語に訳すとメーア（海・湖）のブルク（城塞・砦）となり、湖畔には7世紀に築かれた古城（メーアスブルク城）がある。現存するドイツ最古の砦のようで、古城には中世の生活用

実物大のアルミ製構造物

飛行船のエンジン・ゴンドラ部

品や武器・武具などが展示されている。また、湖の砦らしく、古城の中庭からボーデン湖や対岸の山々を眺める景色も素晴らしかった。

メーアスブルクは日本ではあまり知られていないが、ドイツでは有名な観光地で多くの観光客で賑わっていた。古城の近くにはレストランや土産物店が軒を連ねており、街中には、窓辺に花を飾った家や半分木組み（?）の家など、メルヘンの世界にいるような光景が随所に見られた。

美しい街並の雰囲気に誘われて、フリードリッヒスハーフェンの宿に戻るバスの予定を遅らせて、夏の夜を楽しむことにした。窓辺に花が飾られた赤い建物のレストランを見つけて、テラス席で食事を楽しんだ。このレストランは「ライオン軒」という、街を代表する宿屋・レストランであった。近くには「熊屋」という可愛い建物（宿屋）もあった。テラス席の隣では、私と同世代の10人ほどのグループがビールやワインを片手に夏の夜長を楽しんでいて、羨ましくも微笑ましい光景だった。

熊屋

ライオン軒

半分木組みの家

　バスでこの街に着いてツェッペリン博物館を探したが、案内看板は無く、道を歩く人に尋ねても誰も知らない。古城の近くであると分かっていたので、とにかく古城を目指して歩いた。古城近くの土産物店の横に細い階段通路があり、その脇にツェッペリン博物館の看板を見つけた。土産物店と同じ建物の裏に博物館の入口があり、地下室を改装した狭い部屋が博物館になっていた。

　館内に入ると金属製の飛行船の模型があり、小前氏の著書に「世話好きで熱血漢の博物館女史」と紹介されている女性に、「ヤーパン？（日本から？）」と声を掛けられた。「ヤー（はい）」と答えると、「トーキョウ、トーキョウ」と言って、ツェッペリン飛行船が東京に寄港した際の資料を集めた展示ケースを教えてくれた。館内は写真撮影禁止のようであったが、その女性に「写真を撮っても良いか？」と聞いたら、そっと小声で許可してくれた。

　小さな博物館内に、ツェッペリン飛行船の様々な資料が所狭しと展示されていた。フリードリッヒスハーフェンの公営博物館とは異

飛行船の模型

博物館の入口

なる個人経営の博物館で、館長が個人的に収集した資料が展示されていた。博物館のホームページによれば、館長のハインツ・アーバン氏は私と同じ年代で、少年時代から飛行船に興味を持ちコレクションを始めたとある。食器類や調理器具などの展示が多く、個人が熱心に収集した展示品であることが分かる。

熱血女史の勧めで、博物館の所蔵品を説明したビデオも見せてもらった。他の客と一緒にドイツ語版を見た後、我々日本人のために英語版も映してくれた。日本人の来館者が多いようには思えないが、飛行船が東京に寄港した際の資料があるためか、この博物館には日本語のパンフレットが準備されており、博物館のホームページには日本語ページがある。フリードリッヒスハーフェンの博物館とは対照的な小さな館内であるが、あの熱血女史の熱心な対応で、所狭しと並べられた展示品やビデオ映像をゆっくりと楽しませてもらった。

ボーデン湖畔の二つのツェッペリン博物館の見学を終えて、鉄道駅のホームで列車を持っていたら、観光用の遊覧飛

遊覧飛行船

日本に関係する資料の展示

行船が空を飛んでいた。ツェッペリン博物館の展示品を思い出しながら、ゆっくりと優雅に移動する遊覧飛行船を眺めつつ、ボーデン湖畔の街に別れを告げた。

黒い森の街

カールスルーエの南方、フランスとの国境に沿って拡がる黒い森（シュヴァルツヴァルト）を、1980年代に車でドライブした。黒い森の出発点であるバーデン・バーデンは、欧州屈指の温泉保養地である。白亜の建物クアハウス（保養施設）は、今も私が訪ねた当時と変わっていないようだ。街の公園で大道チェスを楽しんでいた写真があり、温泉保養地らしいのどかな雰囲気が思い出される。

クアハウス(1984年)

大道チェスの様子

バーデン（Baden）は入浴の意味である。シュトゥットガルトのバート・カンシュタット地区のバート（Bad）も同じ意味で、その地区にも温泉施設があった。しかし、残念ながらドイツの温泉には一度も入ったことがない。興味はあったが、躊躇いもあって入浴する機会を逸していた。ドイツのバート（風呂・浴場）には、裸で入るバートと水着で入るバートがあり、裸で入るバートも混浴が多いと聞いていた。また、「〇〇バート」と称するプールもあり、要するに日本の温泉（浴場）のイメージとは異なるようだったので、利用するのを躊躇っていた。今思えば、ドイツのバートを一度でも体験しておけば良かったと悔やまれる。

黒い森で撮り集めた写真の中に記憶にない写真が幾つかあった。ネット検索で調べたら、オッペナウの修道院遺跡（廃墟）、トリベルクにあるドイツ最大の滝、箱根の芦ノ湖のような湖ティティゼーなどの写真であった。黒い森の終点は大学町として知られるフライブルクであるが、この街をゆっくり観光する機会は無かった。

黒い森へドライブに出るまで、ドイツでは草原が

トリベルクの滝

オッペナウの修道院遺跡

続く景色を見慣れていたので、鬱蒼と茂る森林のドライブはとても新鮮であった。当時はカーナビも無い時代であるが、地図を片手に周りが見えない森の中をドライブしたことが懐かしい。そして、森の中で時々見かけたのがカッコー時計を並べた店で、車を止めて可愛いカッコー時計を眺めながらドライブの疲れを癒していた。

黒い森の西側にライン川が流れており、ライン川の西はフランス（アルザス地方）である。国境に近いフランスの町ストラスブールはドイツの香りがする街であり、ドイツに滞在していた当時の私は、この町をストラスブル・クとドイツ語読みしていた。2016年に参加した南ドイツへのツアー旅行では、フランスのストラスブールとコルマールも旅行コースに組み込まれていた。どちらもドイツとの国境に近い町で、カラフルな木組みの家が建ち並んでいて、目の前の景色はドイツの街と同

ストラスブールの大聖堂

ストラスブールの木組みの家並

じであった。

ストラスブールには15世紀に建てられた大聖堂がある。ケルンの大聖堂（後述）と似ているが、尖塔が片側一つの個性的な形である。大聖堂内には立派な天文時計があり、ミュンスターの大聖堂（後述）にある天文時計と同様に歴史的な物であった。

ストラスブールは、フランスとドイツの狭間で歴史的に仏独を揺れ動いた町である。1985年にこの町のマクドナルドの店に立ち寄った際に、そのことを痛感した。当時の私はドイツ語を使う生活に慣れており、フランスでもドイツに近い町なので大丈夫だろうと、ドイツ語で商品を注文した。しかし、店員から返ってきた言葉はフランス語であった。全く分からないので英語で聞き返すと、再びフランス語であった。後ろにいたフランス人（?）が英語で通訳してくれて、何とか商品を手にすることができた。その店員は、私が話したドイツ語も英語も理解できているのだが、こちらの言葉に合わせることなくフランス語での返答であった。店員の立場で考えると、私が最初にドイツ語で話したことが失礼だったのだろうと思いつつも、複雑な歴史を痛感した。

大聖堂内の天文時計

ロマンティック街道とバイエルン南部

ロマンティック街道南部の草原風景

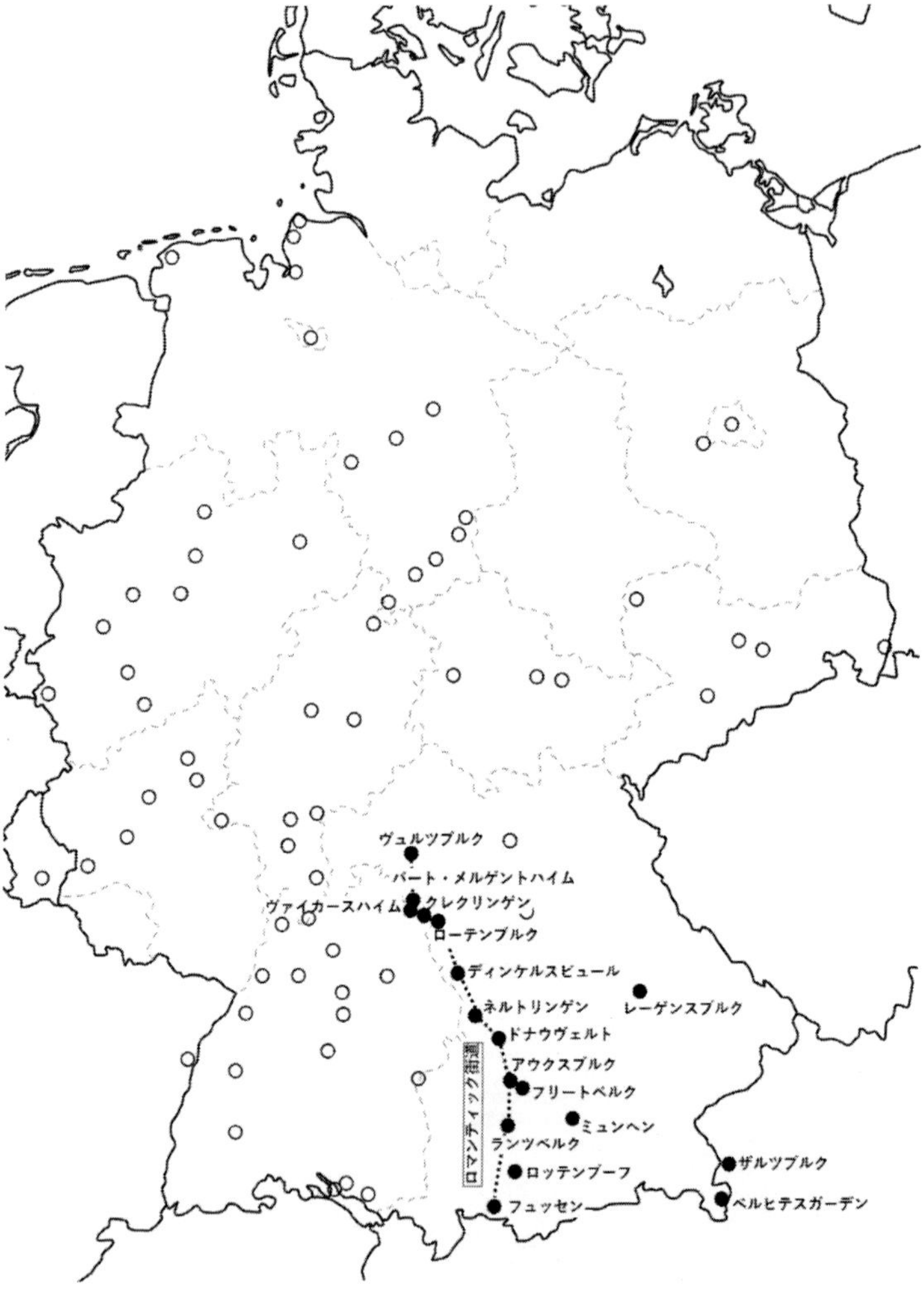
ヴュルツブルク
バート・メルゲントハイム
ヴァイカースハイム
クレクリンゲン
ローテンブルク
ディンケルスビュール
ネルトリンゲン
レーゲンスブルク
ドナウヴェルト
ロマンティック街道
アウクスブルク
フリートベルク
ミュンヘン
ランツベルク
ロッテンブーフ
ザルツブルク
フュッセン
ベルヒテスガーデン

ドイツの観光街道で最も人気があるのは、バイエルン州の西の端を北から南へ連なるロマンティック街道である。城や教会の他、城塞都市など中世の街並が点在し、見どころ満載の観光街道である。1985年にイースター（復活祭）の休暇を利用して、古都ヴュルツブルクからアルプスの麓フュッセンまで、約350キロのロマンティック街道を車で踏破した。また、バイエルン州南部の街やオーストリアのザルツブルクも訪ねた。

ロマンティック街道北部の街

ローテンブルクまでの街道北部では、ヴュルツブルク、バート・メルゲントハイム、ヴァイカースハイムの街を訪ねた。

ロマンティック街道の出発点、ヴュルツブルクの小高い山にあるマリエンベルク要塞（フェストゥンク）は、城塞（ブルク）より軍事的機能を重視した城である。ドイツ最古の石橋とされるマイン川に架かるアルテ・マイン橋に立ち、山の上に建つマリエンベルク要塞を眺めていた。この橋の欄干には複数の聖人像が立っており、橋の上で写真を撮る観光客が絶えなかった。

マリエンベルク要塞

マリエンベルク要塞は歴史上何度も造り直されているようだが、元は8世紀の始め頃に建てられた聖マリア教会であった。マリア教会が建つ山（ベルク）が「マリエンベルク」と呼ばれた由来のようである。マリエンベルク要塞は教会であり、ヴュルツブルク司教の居館でもあり、戦いの砦でもあった。

要塞がある山の上からは対岸の街が一望できて、ここに居を構えていた司教の気持ちがよく分かる。私が住む岐阜市の金華山の頂に建つ岐阜城と似ており、岐阜城からは岐阜市街を一望できる。マリエンベルク要塞から市街を眺めていた司教の気持ちは、戦国時代に岐阜城で天下布武を唱えた織田信長の気持ちと似ているような気もする。

マリエンベルク要塞が建つ山の斜面は一面の葡萄畑であった。この地域は、ボックスボイテルという独特の丸い形の瓶に入ったフランケンワインの産地である。

フランケンワイン

マリエンベルク要塞から市街を望む

聖人像

アルテ・マイン橋から市街へ歩いて行くと、まず目に飛び込むのは、市内で最古の建造物である市庁舎、その先には高い尖塔がそびえる大聖堂、近くにノイミュンスター教会もあり、さらに進むとレジデンツ（宮殿）と広大な庭園（ホーフ庭園）に到着する。

戦いが繰り返されていた頃は山城の要塞が重要であったが、18世紀に入って政局が安定すると防衛目的の要塞は不要となり、司教は山を下りて街の中心部に新しい宮殿（司教館）を造ることにしたのだ。このレジデンツは、ヨーロッパでも傑出したバロック様式の宮殿であることが評価されて、1981年にユネスコの世界遺産に登録されている。ナポレオンに「ヨーロッパで最も美しい司教館」と言わしめた華麗なる司教の館である。贅を尽くした宮殿で、5つの大広間と300を超える絢爛豪華な部屋が並んでいて、特に「階段の間」が有名である。柱の無い広大な吹き抜けの部屋で、巨大な天井は世界で一番大きいフレスコ画となっている。広大な吹き抜けの部屋に支柱が一本も無い構造を設計した建築家（バルタザール・ノイマン）は、当時は批判も多かったらしいが、今では天才建築家として評価されているようだ。

レジデンツ（宮殿）

ヴュルツブルクから南下して、バート・メルゲントハイムに着いた。白い壁に絵が描かれた綺麗な建物のホテルを見つけたので、飛び込みで宿泊した。宿の雰囲気もオーナーの対応も良く、幼い子供2人を連れた家族が安心して宿泊できるホテルだった。

町の名は元はメルゲントハイムであったが、1826年に温泉（バート）が発見されて、バート・メルゲントハイムと改称し、温泉保養地として発展してきたようである。当時はそのような由来を知らず、街中の温泉施設に関心を持つことも無かった。また、今回この町のことを調べていて、13世紀頃からドイツ騎士団の拠点として発展してきた町であることも知った。そして当時の写真を見ると、ドイツ騎士団の城を見学した写真が残っていた。博物館になっているようだが、全く記憶に残っていない場所だった。

バート・メルゲントハイムを出て、隣の町ヴァイカースハイムに立ち寄った。あまり知られていない小さ

ドイツ騎士団の城

白い壁に絵があるホテル（1985年）

な町で、ロマンティック街道でも観光客が押し寄せる街ではなく、城下町の静かな魅力ある街だった。訪ねた時はイースター休暇だったので、街の広場の噴水や木々には、カラフルなイースターエッグ(絵柄を付けた玉子)が飾られていた。

この街の一番の見どころはヴァイカースハイム城(宮殿)である。12世紀頃に建てられたルネサンス様式の宮殿で、バロック様式のヴュルツブルク宮殿とは全く異なる外観であるが、宮殿内の絢爛豪華な部屋の様子は同じであった。その一つ「騎士の間」は天井に羽目板式絵画が並び、豪華なシャンデリアが吊り下げられ、壁の暖炉は金色に輝いていた。また、鹿や象など動物の壁画は、頭部が飛び出して立体になっていた。城の背後にはヴェルサイユ宮殿と同じ幾何学模様の庭園がある。

ヴァイカースハイムからローテンブルクへ向かう途中、クレクリンゲンの町の郊外に、有名な教会(ヘルゴット教会)があることを知り立ち寄った。緑豊かな田園風景の中に建つ簡素で小さな教会だが、中に入ると聖母マリアの祭壇があって、多くの人が祭壇を眺め

ヘルゴット教会

ヴァイカースハイム城の騎士の間

ていた。天井に届くほどの木彫の立派な祭壇で、驚くほど繊細な彫刻が施されていた。ヴュルツブルク出身の有名な彫刻家、リーメンシュナイダーが16世紀初頭に製作した祭壇であった。

古城街道と交差する中世の街

ロマンティック街道と古城街道が交差する町が、観光地ローテンブルクである。観光の中心は、市庁舎が立つマルクト広場周辺である。3リットルの大ジョッキのワインを市長が飲み干す「マイスタートゥルンク」の仕掛け時計がある。17世紀の三十年戦争で町は全滅しかけたが市長のマイスタートゥルンクで難を逃れ、「中世の宝石」と呼ばれて、今も中世の面影を残している街である。

第二次世界大戦では街の約40％が焼土と化したが、昔の姿に忠実に復元されて中世の雰囲気を保っており、何度訪ねても

聖母マリアの祭壇

ローテンブルクのマルクト広場

飽きることのない観光都市である。マルクト広場の近くに、14～15世紀に建てられた聖ヤコブ教会があり、中にはリーメンシュナイダーの彫刻による「聖なる血の祭壇」がある。

町の名称が「○○ブルク」であることから分かるように城塞都市である。旧市街は城壁に囲まれており、旧市街に入る際はどこから来ても「○○門」の下を通る。城壁の最も古い部分は12世紀に造られたようだが、城壁と城門がほぼ完璧な形で残されている。城壁の上を歩くこともでき、見張り用の窓や大砲のレプリカもあって中世からの長い歴史を物語っている。木組みの家などの街並を一望できる城壁歩きは、観光客を飽きることなく楽しませてくれる。城壁の外には、タウバー川沿いの緑の中に新しい住宅街の景色も見られて、とても楽しい城壁巡りであった。

ローテンブルクの城壁

マルクト広場の周辺には土産物店も多くあり、一年中クリスマス用品を販売している店もある。1985年9月にドイツ滞在を終えて帰国する際、この店で時季外れのクリスマスピラミッドを買うことができて、今もクリスマスが近づくとピラミッドを飾って当時を思い出している。また、直径10センチほどのお菓子で、クッキーのような食感のシュネーバル（雪玉）も懐かしい。ローテンブルクの名物で伝統菓子のようだが、40年前にはその菓子のことを知らずにいて、2016年に初めて味わった。

ローテンブルクからロマンティック街道を南下して、シリングスフュルストとフォイヒトヴァンゲンの町にも立ち寄った。小さな町で記憶も薄いが、立派な城や非対称な二つの尖塔を有する教会、回廊がある修道院（僧院）などの写真が残っている。

ロマンティック街道中部の街

街道中部では、ディンケルスビュール、ネルトリンゲン、ドナウヴェルト、アウクスブルクなどの街を訪ねた。

「ロマンティック街道の宝石」とも言われるディンケルスビュールは城壁に囲まれた小さな町で、町のスローガンは「川と草原のロマンティック」とされている。城壁の外にある駐車場から街へ向かう際には川と草原の中を歩き、視線の先に城壁に囲まれた中世の街並が見ら

ドイチェス・ハウス

川と草原のディンケルスビュール

れた。城門をくぐって街に入ると、多くの木組みの家が残っており、中でも豪壮な木組み造りのドイチェス・ハウス（ドイツの家）は見応えがある。多層階建築の大きな木組みの家で、今はホテルとして利用されているが宿泊する機会は無かった。

ディンケルスビュールでは、7月に子供祭りが開催される。三十年戦争の時、町を占領したスウェーデン軍の指揮官に、一人の少女が幼い子供たちと共に町の破壊を止めるように懇願して町を救った、という逸話に基づいた祭りである。街中の建物にはそんな逸話の壁画もあり、当時の衣服に身を包んだ子供や兵士の時代パレードがあって、美しい街での可愛い祭り行列を楽しませてもらった。ローテンブルクの町は市長に救われ、この町は子供に救われて、今もなお中世の面影を残して私たちを楽しませてくれる。

ネルトリンゲンも城壁に囲まれて、中世の面影を留める町で

逸話の壁画

子供祭りのパレード

ある。「隕石の町」として知られており、1500年前に隕石が落下してできた窪地（盆地）に造られた町である。円形の旧市街と周囲の緑豊かなリース盆地は、はるか昔の隕石の落下でもたらされた宝である。

旧市街は完全な円に近い形であり、円環状の城壁がほぼ完ぺきに残されている。そんな旧市街と周囲の景色を眺める絶好の場所が、街の中心にある聖ゲオルク教会である。高さ90メートルのダニエル塔、当時1歳の子供を抱きかかえ、5歳の子供を励ましながら350段の階段を登った。塔の上では、中世から遺されている城壁や茶色屋根の家並など、素晴らしい眺めが目を楽しませてくれた。街のシンボルでもある聖ゲオルク教会は15世紀に建てられた荘厳な教会で、主祭壇やステンドグラス、立派なオルガンの写真も残っている。

第二次世界大戦の爆撃を受けなかったディンケルスビュールとネルトリンゲンは、城壁に囲まれた中世の面影がそのまま

聖ゲオルク教会

教会の塔からの光景

残っていて、本当に美しい見応えのある街であった。

ネルトリンゲンからアウクスブルクに向かう田園地帯、ハールブルクやドナウヴェルトの町を通ってロマンティック街道の旅を続けた。ハールブルクはその名（〇〇ブルク）の通り城塞都市で、町の高台に難攻不落の名城と言われるハールブルク城があった。

ドナウヴェルトは、中世の重要な商業都市ニュルンベルクとアウクスブルクの中間に位置し、ローマ帝国時代にドナウ川を利用した水運の拠点であった。双頭の鷲の紋章を持つ帝国都市となり、街のメインストリート（ライヒス通り）は「帝国街道」と呼ばれ、南ドイツで最も美しい通りの一つとも言われている。当時そんな歴史は知らず、ロマンティック街道の通過点として通った道であったが、カラフルな切妻屋根の家々が並んでいたので車を止めて写真を撮っていた。今回街の歴史を調べていて、その写真がドナウヴェルトの帝国街道であることが分かった。

ドナウ川を越えて南に進むと、ロマンティック街道で最大の町アウクスブルクに着く。紀元前15年にローマ人によって創建

ドナウヴェルトの帝国街道

された、ドイツ最古の都市である。町の名称の由来であるローマ皇帝アウグストゥスから、私はこの町の名をアウグスブルクと思っていた。しかし、今回調べた資料のほとんどが「グ」ではなく「ク」となっているので、思いを改めて本書ではアウクスブルクと記すことにした。

　それまでのロマンティック街道で見ていた木組みの家を目にすることはほとんど無く、街にはルネサンス様式の堂々とした建物が並んでいる。街の中心部には、1615年に建設されたドイツ・ルネッサンス期最大の建築とされる、立派な市庁舎がある。市庁舎の正面には帝国都市のシンボルである双頭の鷲が描かれており、屋根には、町の紋章である松笠（松ぼっくり）の飾りが付いている。市庁舎の隣には、ペルラッハ塔と呼ばれる時計台のような高い塔があるが、何の建物かは分からない。

　当時のアルバムには、10世紀に建てられた大聖堂とステンドグラスの写真も残っている。二つの鐘塔がある白塗りの堂々とした教会で、ステンドグラスは11世紀後半に造られた、世界最古とい

ヘラクレスの噴水

市庁舎（右）とペルラッハ塔（左）

われるステンドグラスのようである。

街中には大きな噴水が幾つもあり、ヘラクレスの噴水・アウグストゥスの噴水などと名付けられていた。また、立派な城門の写真が残っているが、15世紀に建造された中欧最古といわれる給水塔を併設したローテス門であった。2019年に、アウクスブルクの水管理システムがユネスコの世界遺産に登録されたが、これらの噴水や給水塔も遺産登録の一役を担っているようだ。

アウクスブルクには、世界最古の社会福祉住宅とされるフッゲライがある。1519年に建てられた2階建ての集合住宅で、当時巨大な富を築いた商家フッガー家が、経済的に困窮していた市民のために、わずかの家賃で入居できる住宅を建築したのだった。ガイドブックやネット情報によれば、今も高齢者用の住宅として当時と同じ家賃で使用されているようだ。

アウクスブルクの東の町フリートベルクで、17世紀に建

フッゲライの集合住宅(1985年)

ローテス門

てられたルネッサンス様式の可愛い市庁舎を見つけた。この小さな町にはフリートベルク城（砦）もあって、歴史のある町だと分かった。さらに南のランツベルクも小さな町であったが、色鮮やかに装飾された市庁舎とマルクト広場（ハウプト広場）の写真が残っている。

草原の教会とアルプスの城

ランツベルクを過ぎて草原の街道で、「部屋あります」の看板を見つけたので宿泊することにした。老夫婦が住む民家で、子供が家を離れて空いている部屋を民宿として提供されていた。私たちの幼い子供を孫のように可愛がって頂き、兎のパン（オースターハーゼ）を作って下さった。手作りの食事を一緒に頂き、片言のドイツ語で家族のように楽しませていただいた一晩が懐かしい。

翌日、老夫婦に別れを告げてロマンティック街道の旅を

フリートベルク市庁舎

民宿の老夫婦と

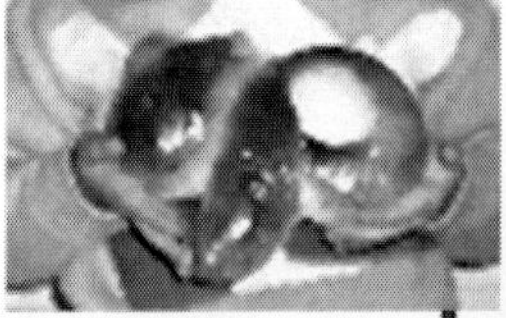
オースターハーゼ

続けた。本章冒頭の写真のように、一面に広がる草原の前方に雪をかぶったアルプスの山々が見えてきた。街道から少し外れたロッテンブーフの教会（修道院）に立ち寄り、祭壇・天井・壁の華麗な装飾を見学した。

延々と続く草原の中に、白い壁のヴィース教会が見えてきた。「ヴィース教会」とは「草原の教会」を意味しており、その名の通り草原の真っただ中に建っている。素朴な外観であるが、中に入ると荘厳で華やかな装飾が目に飛び込んできた。天井画や祭壇を見ただけで、ユネスコの世界遺産に登録され、ヨーロッパで最も美しい教会の一つと称えられることが納得できる。

ヴィース教会を後にして、ロマンティック街道の終点フュッセンを目指した。雪が残るアルプスの山麓に、白いお城ノイシュヴァンシュタイン城の姿が見えてきた。この城は一度となく訪ねたが、フュッセンの街をゆっくり見学する機会は無かった。

ヴィース教会（左は内部）

日本で最も人気があるドイツのお城が、ノイシュヴァンシュタイン城である。バイエルン王ルートヴィヒ二世によって19世紀に建てられた。「ノイ」は「新しい」の意味で、「新しいシュヴァン（白鳥）のシュタイン（石）」という名になる。すなわち、古いシュヴァンシュタイン城に代えて、新しいシュヴァンシュタイン城が建てられたのである。しかし、この城の場所には元々古城ホーエンシュヴァンガウがあり、建設当時はホーエンシュヴァンガウ新城と呼ばれていたようだ。しかし、その古城をシュヴァンシュタイン城と取り違えたため、ノイシュヴァンシュタイン城と名付けられたと言われている。

山の中腹に建つ白亜のシュロス（城）を二度訪ねたが、いずれも麓から坂道を徒歩で登った。2016年には舗装された道だったが、1985年には土の山道を、1歳と5歳の子供を同伴して登った。5歳の子供は退屈な山道を歩き疲れて、美しい城の見学には興味がないようだった。

ノイシュヴァンシュタイン城

雪が残るアルプスの山

近くの渓谷に架かるマリエン橋から見る城は、緑の景色と調和がとれた素晴らしい姿であり、逆に城から渓谷やマリエン橋を見る景色も素晴らしい。白鳥のごとく優雅で中世の夢を見るような城の姿は、まさにロマンティック街道の最後を飾るに相応しい名所である。しかし、世界で最も美しいと言われるこの城が、世界遺産に登録されていないのは意外である。この城が建設されたのは明治維新やアメリカ南北戦争よりも後で、歴史のある古城ではないためのようだ。

マリエン橋から近くの湖（アルプゼー）の周辺を見下ろすと、景色の中にホーエンシュヴァンガウ城がある。ノイシュヴァンシュタイン城を建てたルートヴィヒ二世が幼少の時期を過ごした城、つまり彼の父親（マクシミリアン二世）の城である。「ホーエン」は「高い」、「シュヴァン」は「白鳥」、「ガウ」は「〜の地・里」の意味なので、「高い白鳥の里」という名前になる。白亜のノイシュヴァンシュタイン城と異なり黄色の城であるが、やはり

渓谷とマリエン橋

ホーエンシュヴァンガウ城

周囲の緑とよく調和している。城の正面（前ページの写真）は左右対称の形に見えるが、よく見ると左右非対称で、中央の大窓の右には窓が二つ並んでいるが、大窓の左には窓が一つである。城内の庭園には四つの噴水、マリエン噴水、ライオンの噴水、白鳥の噴水、ガチョウ飼いの噴水があった。

ミュンヘンの街・城・博物館

ドイツでも独自のアイデンティティを有しているバイエルン州の州都、ミュンヘンを訪ねる機会も何度かあった。いつも必ず足を運んだのは、立派なゴシック様式の市庁舎が建つマリエン広場である。この広場へ行く目的は、市庁舎の塔にある仕掛け時計である。仕掛け時計の動く時間が近づくと人が集まって来て、時計の見やすい場所を確保して仕掛けが動き出すのを待っている。ドイツでは様々な仕掛け時計を見たが、ミュンヘンの仕掛け時計はやはり見応えがある。等身大の人形

ミュンヘン市庁舎と(左)仕掛け時計

が10分ほど踊ってくれるのを、飽きることなく眺めていた。

マリエン広場の周辺には見どころも多い。まずは、ミュンヘンのシンボル、フラウエン教会（大聖堂）である。玉ねぎのような頭を持つ二つの塔の高さは100メートルほどあり、近くで見るとその大きさに圧倒される。他にもミヒャエル教会やペーター教会など、幾つもの教会が近くにあった。

ミュンヘンと言えばビールであるが、街にはビアホールが点在している。日本人に最も馴染みのあるのはホーフブロイハウスだろう。HBのトレードマークがあるので直ぐに分かる。大きなホールに並んだテーブルに座って、一リットルのマスジョッキで飲んだビールの味は忘れられない。

そして、ミュンヘンと言えばオクトーバーフェスト（ビール祭り）である。1999年の国際会議に参加した際に初めて楽しませてもらった。当時の私は、ホテルの予約が難しいオクトーバーフェストの時期に、ミュンヘンで国際会議を開催する主催者の意図を理解できなかった。ホテルを予約するのに苦労し、ミュンヘン

オクトーバーフェスト

ホーフブロイハウス

から列車で30分ほど離れた田舎町の民宿を確保して国際会議に参加した。ホテル探しは大変であったが、主催者のお陰で最初で最後のオクトーバーフェストを楽しむことができた。

1972年にミュンヘンでオリンピックが開催され、その跡地に記念公園がある。公園内にはドイツ一の高さを誇るオリンピック塔があり、その展望台からオリンピック公園を一望した。メインスタジアム、テニスコート、室内プール、選手村の建物などがそのまま残されていた。オリンピック公園の東側には広大な英国庭園があり、庭園の片隅に日本茶室・閑松庵があった。ミュンヘンオリンピックの際に、裏千家からの寄贈により建てられたそうだ。

オリンピック公園の隣には、自動車メーカーBMWの本社ビルと博物館があり、どちらもユニークなデザインの建物であった。本社ビルは4本の筒形の建物で、四気筒エンジンを模したビルのようだ。その隣にお椀のような形の博物館がある。この博物館の建物をオリンピック塔

BMWの本社と博物館

英国庭園の茶室・閑松庵

の展望台から見下ろすと、お椀の上にBMWの看板マークがあることが分かる。

メルセデス・ベンツやフォルクスワーゲンと並んで、ドイツを代表する自動車メーカーの博物館である。シュトゥットガルトのベンツ博物館と同様、創業期からの歴代の車が展示されているが、大きな違いは、二輪車やサイドカーの展示が多くあることだ。

余談であるが、「BMW」をドイツ語読みすると「ベー・エン・ベー」となるが、初めてドイツ人の口からそれを聞いた時には直ぐに意味を解せなかった。しかし聞き慣れると、「ビー・エム・ダヴリュウ」と英語読みするより、凛々しい高級車のイメージを感じられるので、私は今でも「ベー・エン・ベー」とドイツ語読みを好んで使っている。

ミュンヘンの博物館と言えばドイツ博物館である。科学技術分野では世界最大の博物館であり、工学が専門の私にはたいへん興味深く、実物大の鉄道車両や飛行機の展示もある広大な館内を、足が棒になるほど見学した。ドイツらしい体験型展示の博物館で、実物大模型の展示品を縦割りや横割りにカットして、内部の構造が分かるように展示してある。また、手に取って体験できる展示物もあり、私と一緒に歩く妻子も楽しく見学できたと思う。音響部門の展示室には、金管楽器や打楽器と共に仏壇の鐘も展示されており、製紙部門

ドイツ博物館前（1985年）

には和紙の製造工程の展示もあった。

ミュンヘンの郊外にニンフェンブルク城がある。シュトゥットガルトの北にあるルートヴィヒスブルク城と同じく、バイエルン公の離宮として建てられた宮殿である。「妖精の城」という名を持つ宮殿で、内部の豪華さと広大な庭園に圧倒された。特に印象に残っているのは、壁一面が美女の肖像画で埋め尽くされた美人画ギャラリーである。ルートヴィヒ一世が愛した美女36人の肖像画であった。

広大な庭園には、白鳥が浮かぶ水路（運河）を中心に左右に植物園が拡がり、小城・水浴殿・庵などの小さな建物が点在している。どこまでが城の敷地だろうと思うような広大さで、延々と続く庭園を全て見ることはできなかった。

ニンフェンブルク城の庭園

バイエルン南部の街から隣の国へ

バイエルン南部では、ミュンヘン以外にレーゲンスブルクとベルヒテスガーデンを訪ね、隣国オーストリアのザルツブルクも訪ねた。

ドナウ河畔のレーゲンスブルクはローマ帝国時代に栄えた街で、旧市街の街並は世界遺産に登録されている。この街のシンボルはゴシック建築の大聖堂である。尖塔はケルン大聖堂に次ぐ高さ（150メートル）を誇っており、中には世界最大の吊り下げ型のパイプオルガンがある。

郊外のドナウ川沿いの小高い丘に建つ、ヴァルハラ神殿も印象深い場所であった。19世紀に建てられた神殿で、ギリシャ・アクロポリスのパルテノン神殿やローマの神殿パンテオンを思い浮かべるような建物であった。内部には、ドイツ史上に名を残す皇帝や王、政治家、芸術家などの胸像や銘板が納められていた。神殿のテラスから眺めるドナウ川一帯の景色も素晴らしかった。

レーゲンスブルク大聖堂

ヴァルハラ神殿

1985年に車でオーストリアへ旅行する際に、ドイツ南東端にあるベルヒテスガーデンに立ち寄った。かつてヒトラーが別荘を建てた、ドイツ屈指の山岳景勝地である。そんな山岳地帯を見学する機会はなく、旧市街を通過しただけであるが、街中で撮った写真の多くは壁画が描かれた建物である。ボーデン湖畔のコンスタンツ周辺でも壁画のある建物を見かけたが、南ドイツからスイス・オーストリアの地域でよく見られるようである。

車で国境を越えるのは初めてであった。当時は欧州連合（EU）の設立や通貨統一の前でもあり、パスポートの検閲と通貨の両替が必要であった。緊張した検閲や両替が無事に終わり、国境を越えてオーストリアの地を走り出したが、頭はドイツのままで別の国を走行している気持ちにはならなかった。

オーストリアにも「〇〇ブルク」の町がある。ザルツブルクの名称は、ザルツ（塩）のブルク（城）すなわち「塩の城」で、塩の取引で栄えた城塞都市である。

町の雰囲気は、ロマンティック街道の始点ヴュルツブルクに似ており、街中に川が流れて山の上に城塞（ホーエンザルツブルク城）がある。市街地に近い山城で、街からケーブルカーで城まで

壁画のある建物

ベルヒテスガーデンの国境（1985 年）

登ることができ、城からはザルツブルク市街を一望できる。そんな街と城の様子は、私が住んでいる岐阜市とも似ている。岐阜市街に近い山（金華山）に岐阜城が建ち、山の下には長良川が流れている。岐阜城にはロープウエイで登ることができて、城からは岐阜市街を一望できる。

　市街にはレジデンツ（宮殿）があり、宮殿広場の中央に大噴水がある。近くにはザルツブルク大聖堂、ザルツブルク大学、博物館・美術館などが軒を連ねている。大聖堂は大理石でできた立派な建物で、774年に創建された歴史ある建物のようだ。

　ザルツブルクは音楽家モーツァルトの生誕地であり、モーツァルトの生家がある。また、毎年夏にザルツブルク音楽祭が開催される祝祭大劇場は、山の岩壁を削って

ホーエンザルツブルク城と眼下の景色

ザルツブルク大聖堂

作られている壮大な劇場であった。祝祭大劇場の隣に、やはり山の岩壁に馬の絵が描かれた建物があり、その前に馬の彫像が立っていた。現地では何の建物か分からなかったが、当時の写真を基に調べたら、「馬の池」と称する建物で、17世紀頃からこの辺りに乗馬学校や厩舎があったようだ。

ザルツブルクの街角で弦楽器を奏でる若者を見た。バイオリンのネック部分が無い楽器で、右手でハンドルを回していた。ハーディ・ガーディという楽器で初めて見たが、11世紀頃から欧州で使われていたようだ。若者は足首に鈴を付けてリズムを取りながら弦楽器を弾いており、楽器の珍しさと演奏の巧さに見とれて写真を撮らせてもらった。

「馬の池」の建物

ハーディ・ガーディ

古城街道と
ライン川・モーゼル川

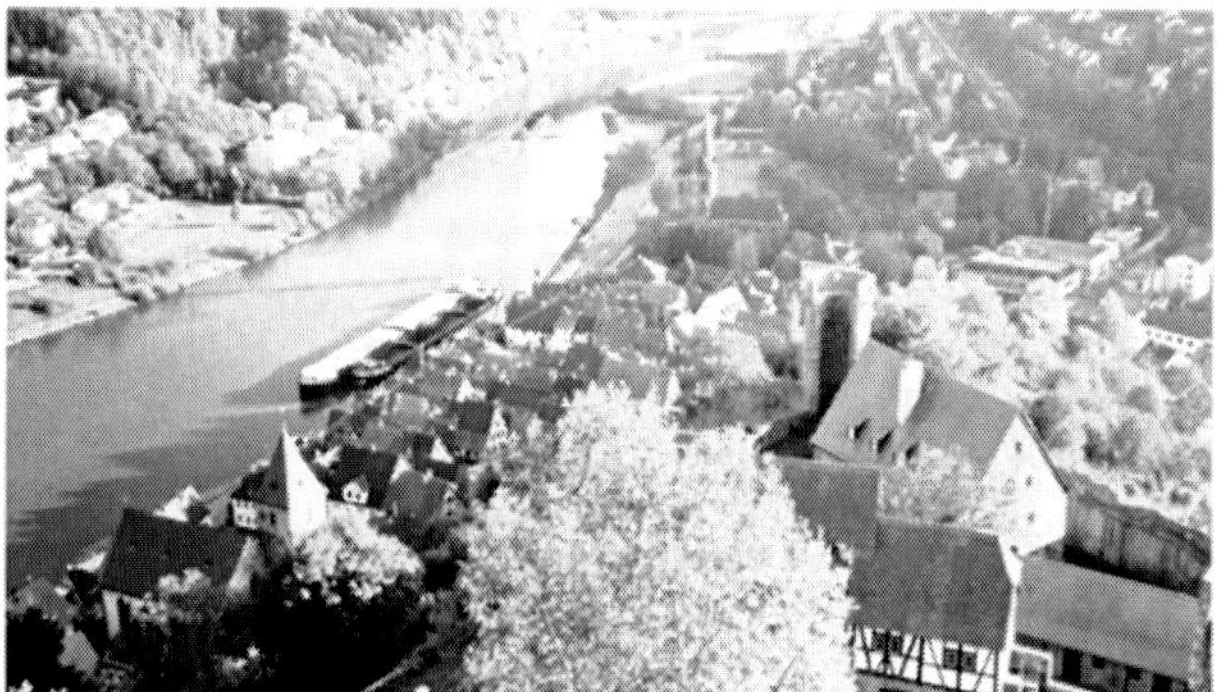

古城街道のネッカー川（ヒルシュホルン近郊）

ライン川
コブレンツ
ボッパルト
コッヘム
リューデスハイム
ベルンカステル・クース
モーゼル川
トリーア
ルクセンブルク
バンベルク
古城街道
ヒルシュホルン
ニュルンベルク
ハイデルベルク
バート・ヴュンプフェン
シュヴェービッシュ・ハル

ライン川の支流ネッカー川に沿って東に延びる古城街道、その名の通り古城が見え隠れする。交通の便は良いとは言えないが、素朴なドイツに出会うことができる。また、「父なるライン川、母なるモーゼル川」と言われる二つの川沿いにも古城が多くある。古城クルーズで有名なライン川の観光船で古城の景色を楽しむと共に、モーゼル川沿いに隣国ルクセンブルクまで車を走らせて、古城や美しい街並を楽しんだ。

ハイデルベルクから古城街道へ

古城街道の起点とされるマンハイムを訪問する機会は無く、私の古城街道はハイデルベルクが出発点で、ヒルシュホルン、バート・ヴュンプフェンを訪ねた。

ドイツ最古（1386年創立）の大学があるハイデルベルクで、必ず足を運ぶのはカール・テオドール橋（アルテ橋）とハイデルベルク城である。アルテ橋の後方にハイデルベルク城を望む写真（下）は素晴らしい光景で、私が一番気に入っている写真であるが、文豪ゲーテも絶賛した眺めである。

カール・テオドール橋（アルテ橋）

旧市街には大学関係の建物が点在しているが、最古の大学らしい荘厳な建物ばかりである。商店街にも荘厳な建物が並んでおり、私のアルバムには、マクドナルドやホテルとは思えない建物の写真が残っている。ホテルの建物は、１５９２年に建てられて今まで戦火を逃れてきた「騎士の館」で、１７０５年に創業した老舗ホテルであった。

マルクト広場には、壮大で迫力のある聖霊教会が街のシンボルのように建っており、隣接して市庁舎がある。そして、背後の山の中腹には、ハイデルベルク城が旧市街を見下ろすように建っている。

ハイデルベルク城は、13世紀前半に選帝侯の居城として建てられ、山の中腹に建っているシュロス（宮殿）である。16世紀初頭から約１００年の間に、６代の城主が自らの館を増築して今の規模になったようである。しかし、17世紀に二度の戦争でほとんどが破壊され、廃墟と化したまま再建されることなく公開されている。

マクドナルド

騎士の館（ホテル）

大学図書館（1984年）

城門から中庭に入ると、様々な館が中庭を囲む城郭のように建ち並んでいる。正面の華麗な建物（フリードリッヒ館）の奥には、巨大なワイン樽がある。高さ7メートル、奥行き8・5メートルの樽の周りに階段や踊り場があり、樽を一周して大きさを実感できるようになっている。この建物の裏側がテラスになっていて、旧市街とネッカー川を一望できる素晴らしい眺めであった。別の館にはドイツ薬事博物館があって、18世紀の薬局の棚などを見ることができる。

城門（城壁）の外に広い庭園があり、山の中腹にある城であるが、ブルク（砦）ではなくシュロス（宮殿・居城）であることが確信できる。しかし、今はケーブルカーで上り下りできるものの、山の上の居城と旧市街を行き来するのは大変だっただろうと思われる。

ハイデルベルク城

巨大なワイン樽

ハイデルベルク城から見た市街

ハイデルベルクからネッカー川沿いに車を走らせ、途中の町ヒルシュホルンで古城ホテル（ヒルシュホルン城）に宿泊した。13世紀に建築された城であるが、保存状態の良い古城であった。ホテル（古城）の玄関口（城門）には砲台が残っており、高い石塔（見張り塔？）に登ることもできて、昔のブルク（城塞）の雰囲気を味わうことができる。

ヒルシュホルンの町は「ネッカー渓谷の真珠」と呼ばれており、本章冒頭の写真のように、古城ホテルから見下ろす河畔の街とネッカー渓谷の美しさは絶景であった。また、この町は保養地としても有名であるようだ。

ヒルシュホルン城（ホテル）から東へ行くと、ツヴィンゲンベルク城・ホルンベルク城・ヴィンプフェン城・グッテンベルク城と古城が続き、いずれもネッカー渓谷の小高い丘に立っている。ヴィンプフェン城には、13世紀初頭に建てられた宮廷の

ヴィンプフェン城の柱廊

ヒルシュホルン城（ホテル）

一部が残っている。かつての宮廷広間の柱廊には、一本一本異なるデザインの彫刻が施され、柱廊のアーチ越しに見る景色も素晴らしかった。この城があるバート・ヴィンプフェンの街は、「バート（浴場）」の名が示すように小さな温泉保養地で、木組みの家も多く見られて、ドイツで最もシルエットの美しい街と言われているようだ。

小前氏の著書に、バート・ヴュンプフェンに「幸福の豚博物館」があり、ドイツでは豚と一ペニヒ硬貨は幸福の象徴であると記されている。そして我が家には、豚の背に一ペニヒ硬貨を立てた置物「グリュックシュバイン（幸福の豚）」がある。しかし、幸福の豚博物館は、私がこの街を訪ねた後の1989年の開館であり、この幸福の豚をどこで手に入れたのか覚えていない。2000年代にシュトウットガルトに新しく豚博物館がオープンしているようであり、シュトウットガルトの街で手に入れたように思うが、この幸福の豚を時々眺めながら古城街道の旅を思い出したい。

幸福の豚

バード・ヴィンプフェンの南にハイルブロンの町があり、ネッカー川はシュトウットガルト方面へ南下するが、古城街道はネッカー川と別れて東へ延びる。

古城街道中部の美しき街

古城街道の中ほどにあるシュヴェービッシュ・ハルは、40年前にゲーテ語学学院に通った町である。若き日の初めてのドイツで最初に暮らした懐かしい町である。それまで町の名前も知らなかったが、中世の雰囲気を残した歴史の古い街で、木組みの家が多く並ぶ美しい街であった。ドイツの先住民族ケルト人の時代から塩の産地として栄え、ローマ帝国時代にはこの町で銀貨が鋳造されて、塩の生産と銀貨の鋳造で永く栄えた町である。昔は単に「ハル」と呼ばれていたが、後に「シュヴァーベン地方の」を意味する「シュヴェービッシュ」が付けられて、今の名前になったようだ。

町のシンボルはマルクト広場に建つ聖ミヒャエル教会である。15～16世紀に建てられた壮麗な教会で、内部の祭壇や柱の彫刻も素晴らしかった。この教

聖ミヒャエル教会

シュヴェービッシュ・ハルの家並

会は市街から坂道を上った高台にあり、街を見下ろすようにそびえ建っている。当時の私は、この教会の鐘塔に登り、塔の上から真下のマルクト広場や市街の壮大な景色を眺めていた。

聖ミヒャエル教会の正面に対峙するのが、18世紀頃に建てられた市庁舎である。市庁舎の正面には双頭の鷲の紋章が掲げられていて、ローマ帝国時代に自由都市として栄えた輝かしい歴史を物語っている。市庁舎の隣には赤・橙・緑の色鮮やかなルネッサンス様式の家が並び、教会の左右には立派な木組みの建物やバロック様式の建物が並んでいる。マルクト広場の周辺を見渡すだけでも、様々な歴史的な建物を見ることができる美しい街である。

街を流れる川沿いに緑地公園が拡がり、当時の私はこの公園で語学研修のストレスを発散していた。夏にはこの公園を中心に「ケーキと泉の祭」が開催されていた（前ページ右の写真）。14世紀から続けられている製塩業者の祭りで、民族

教会横の木組みの建物

シュヴェービッシュ・ハル市庁舎

衣装を身に着けた大人や子供が踊りを披露し、時代行列が街を歩いていた。また、聖ミヒャエル教会前のマルクト広場では野外劇が開催されていた。

この緑地公園を南へ2キロほど行くと、丘の上にコンブルク修道院教会が建っている。教会の歴史や内部の装飾などの詳細は分からないが、素晴らしい文化財であることが窺える教会であった。この美しい街シュヴェービッシュ・ハルは、シュトゥットガルトから車で1時間ほどであるが、公共交通の便は良くはなく普通列車しか止まらない。そのためか、日本人を始め観光客を見かけることはほとんどなかった。

コンブルク修道院教会

古城街道東部の街

古城街道はローテンブルク（前述）でロマンティック街道と交差し、プラハ（チェコ）まで延びる。街道の東部では、ニュルンベルクとバンベルクを訪ねた。

ニュルンベルクはバイエルン州第二の都市であり、ニュルンベルガーソーセージやクリスマスマーケットで有名な町である。中心部の旧市街は城壁に囲まれていて、中央駅に降り立つと、目の前に城壁の見張り塔がそびえており、城門をくぐると「職人広場」がある。皮職人や錫細工職人など中世の職人の家を再現した一角で、細い通路の両側に小さな商店が軒を連ねている。民芸品や土産物店、カフェやレストランもあって楽しい小径が続く一角である。

職人広場を出て、街の中心部に向かってケーニッヒ通りを歩き出すと、途中にゴシック建築の大きな教会・聖ローレンツ教会がそびえている。二つの尖塔がある巨大な教会で、正面扉の上などには繊細な彫刻があって、ニュルンベルクのシンボルになっている。

この辺りから前方の高台にカイザーブルク城（ニュルンベルク城）が見えてくる。ベグニッツ川に架かる橋を渡ると、クリスマスマーケットが開かれる中央広場に着く。広場の東側にも、立派な教会・フラウエン教会

聖ローレンツ教会

職人広場の入り口

が建っている。教会の前面には仕掛け時計があり、七体の人形が回る仕掛けを見られる。中央広場には、金の輪に触れると願い事が叶うと言われている、大きな噴水塔「美しの泉」がある。

　広場からさらに進んで、旧市街の奥へ上り坂を歩いていくと、高台の上にそびえているのがカイザーブルク城である。1000年頃に建てられた城で、第二次世界大戦で破壊されたが再建されて、今は博物館として利用されている。展望台になっている丸い塔（ジンヴェル塔）は13世紀後半に建てられたものであるが、この地域では円筒形の塔は珍しいようである。

　この街を初めて訪ねた時、中央広場に近いレストランでニュルンベルガーソーセージを食べた。小指サイズの小さなソーセージで、ジューシーな肉感とスパイスの効いた絶妙な美味しさが忘れられない。それ以来ニュルンベルガーソーセージの虜になり、この街を訪問した時はもちろんのこと、今でも、日本人マイスターの店でニュルンベルガーソ

噴水塔「美しの泉」

カイザーブルク城

ーセージを仕入れて、ビールのお供にしている。

　国際会議など仕事でこの地方を訪ねた時には、北隣のフュルト市やエアランゲン市を訪問した。私の専門分野である材料関係の研究所がフュルトにあり、バイエルン州第二の規模を持つ大学がエアランゲンにある。


　バンベルクは「バイエルンの真珠」と称えられるドイツ屈指の古都で、ユネスコの世界遺産に登録されている。ドイツの世界遺産の多くは、名所旧跡を中心とした街の一部が登録されているが、バンベルクは旧市街全体が世界遺産に登録されている。

　この町の大聖堂は四つの尖塔を有する重厚な建物で、内部には素晴らしい彫刻芸術の文化遺産が納められている。大聖堂に隣接して新宮殿と旧宮殿がある。新宮殿は18世紀初頭に完成した優美な宮殿であり、広大な庭園はバラ園になっていてバロックやロココ風の彫像が随所に置かれていた。旧宮殿は16世紀に建てられ、現在は歴史博物館として使われている。木造の回廊が広い中庭を

バンベルク大聖堂

ニュルンベルガーソーセージ

囲んで素敵な空間になっており、窓辺に花が飾られていた。どちらの宮殿も、花が咲きそろう夏期の見学がお薦めである。

バンベルクを象徴する名所は、レグニッツ川の橋の上（中州）に建つ旧市庁舎である。壁にフレスコ画が描かれた建物に、ロココ調の建物と木組み造りの建物が一緒になって、ドイツらしい雰囲気を醸し出している。15世紀に建造されて18世紀に改築されている。建造された当時、聖職者と一般市民が各々川の両岸に住んでいて、その中間（中州）に市庁舎を建造したようだ。市庁舎の門を通り抜けるように両岸への橋が造られて、両岸の街が結ばれていたのである。川の中州に立つ様子は、イタリアのベニスを思い起こすような雰囲気でもあった。

ライン川の古城めぐり

ライン川を下る観光船は古城クルーズとして有名であり、川の両岸に古城が見え隠れする。初めて乗船した

バンベルク旧宮殿

バンベルク旧市庁舎

のは1985年で、マインツからボンまでの長旅を経験した。マインツからコブレンツまでの約100キロの区間は「ロマンティック・ライン」とも言われ、世界遺産にも登録されており、多くの古城が次々と目の前に現れる。古城の名前や歴史は分からないまま、とにかくカメラのシャッターを押していた。

マインツの下流には、「ラインの真珠」と呼ばれる観光地リューデスハイムがある。街の細い路地「つぐみ横丁」には、ワイン酒場やレストラン、土産物店などが軒を並べている。昼間は人も少なかったが、夜になると細い路地やワイン酒場が人であふれるらしい。

観光船がリューデスハイムを通り過ぎると、小さな塔が建っている。ネズミの塔で、中世に税関所として建てられた塔である。続いて目に入るのが、ラインの宝石という名のラインシュタイン城とライヒェンシュタイン城である。ライヒェンシュタイン城はライン沿岸で最も古い城の一つであ

つぐみ横丁

ネズミの塔

り、盗賊の巣窟となった時代もあるようだ。現在はどちらの城も博物館として公開されており、ガーデンカフェやレストランもあるようだ。

ライン川をさらに下りバッハラッハに近づくと、三角屋根のシュターレック城が見えてくる。現在はユースホステルになっているようだ。そして川の中州には白い古城・プファルツ城が見える。14世紀前半に通行税を徴収する関所として造られた城で、船の形をしており、現在は資料館として一般公開されている。近くの丘の上にはグーテンフェルス城が建っているが、プファルツ城は徴税のための城、グーテンフェルス城は軍事要塞の城として役割分担されていたようだ。グーテンフェルス城はワイナリーとして利用されているようだが、この辺りの丘は葡萄畑一色である。

その先の山の上に、12世紀前半に建てられたシェーンブルク城が見える。「シェーンブルク」はドイツ語で「美しい城」の意味になる。レ・ミゼラブルの作者ビクトル・ユーゴが、「最

プファルツ城

シュターレック城

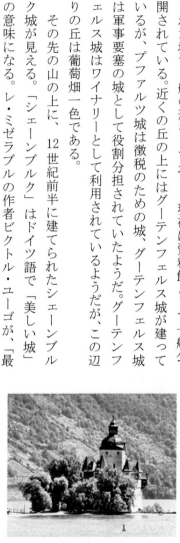

も美しい廃墟」と絶賛したことでも有名である。このシェーンブルク城、現在は古城ホテルとして利用されており、予約が難しいと噂される人気のホテルのようだが、山の上に建つ「美しい廃墟」に泊まってみたい気もする。

マインツからコブレンツまでの中間地点、ザンクト・ゴアールに近づくと、ローレライ伝説で有名な「妖精の岩」が現れる。岩が突き出て川幅が狭くなり大きく曲がる場所であるが、今は大型船も航行できるまでに川幅が広くなっており、航行の難所という雰囲気はない。

ローレライの岩を過ぎて見えてくるのがネコ城である。ライン川クルーズで最も印象に残っている古城で、城の正面はまさに猫の顔であった。14世紀頃に建てられた城で、対岸にあるラインフェルス城とともに川の通行税を徴収していたようで、今もクルーズ船を見下ろすように建っている。

城の名「ネコ城（ブルク・カッツ）」の由来は色々あり、

シェーンブルク城

ネコ城

城の顔が猫に似ている他に、この城を建てた人物が猫のような顔をしていたとも言われる。また、城を建てた人物がカッツェンエルンボーゲン市の出身で、「カッツェンエルンボーゲン」はドイツ語で「猫の肘」の意味であり、その名に因んでいるという説もあるようだ。近くにはマウス城（ネズミ城）もある。

ネコ城を過ぎるとボッパルトであり、ここには古城ではない絶景のスポットがある。ライン川がUターンするように蛇行する場所で、丘の上の展望台からの眺めが素晴らしい。展望台まではチェアリフトで登るようになっている。リフトは20分ほどの距離であったが、自転車を運ぶリフトもあり、自転車を持って展望台まで登り、蛇行ライン川を眺めながらサイクリングしている人もいた。ボッパルトを過ぎると、マルクスブルク城やシュトルツェンフェルス城が見えてくるが、この辺りから目に入る古城は少なくなる。

ライン川とモーゼル川が合流するコブレンツ、合流地点に突き出た部分がドイチェス・エック（ドイツの角）と呼ばれる。ライン川（次ページの写真の手前）を挟んだ対岸の小高い山に、エーレンブライトシュタイン城塞があ

大きく蛇行するライン川

る。今は対岸からロープウエイで行くことができるようだが、私が訪ねた1985年には車と徒歩で城塞に辿り着き、城の庭で休憩してドイチェス・エック（下の写真）を眺めていた。

ドイチェス・エックの先端にはドイツ皇帝ヴィルヘルム一世の騎馬像が立っている。巨大な騎馬像であるが、この像は第二次世界大戦で破壊されて1993年に再建された。私が訪ねた時には、大きな台座だけがあり、台座にはドイツの国旗が立っていた。

モーゼル川からルクセンブルクへ

1985年に、コブレンツからモーゼル川に沿って車を走らせた。コッヘム、ベルンカステル・クース、トリーアを訪ねて隣国ルクセンブルクへ入った。

コブレンツからしばらく走ると、モーゼル川から離れた山の中にエルツ城がある。ノイシュヴァンシュタイン城、ホーエンツォレルン城とともに、ドイツ三大美城とされている。12世紀にはす

ドイチェス・エック

騎馬像の台座（1985年）

でに存在していた城で、850年近くの歴史を持つが、築城されてから一度も陥落したことがない城である。奥深い山に建つ城で、今は車で近くまで行くことはできるが、周りを山と谷に囲まれており、難攻不落の城であることが納得できる。

　ドイツ南部に山城（ブルク）が多くあるのは、中世の地方豪族の分割相続で次々に城が建てられたためである。エルツ城を代々所有しているエルツ家は三つの分家で構成され、この城は三つの建物の複合体である。すなわち、エルツ城には三つの分家が共同で居住していたのだ。城は8階建で、その主要部分は三家族の居住部分であり、約百人の住人が百以上の部屋に住んでいたという。

　城の外観は中世の美しく凛々しい姿であるが、中庭に立つと増築を繰り返した集合住宅のような雰囲気であった。城の見学ツアーで案内人に誘導されて城内を周ったが、様々な部屋が複雑に繋がっていて、どの部屋がどこにあるのか覚える

エルツ城

エルツ城の中庭

こともできない。見学ツアーが終わって自由にご覧下さいと言われたが、案内無しに城内を歩くことは不可能なほど複雑であった。

モーゼル川が大きく蛇行し始めてコッヘムの町に着く。名も知らない町だったが車窓から見える景色が素晴らしかったので、付近の民宿を探して宿泊した。「古城とワインの町」で、河畔にある街並の後方にはコッヘム城（ライヒスブルク城）が街を見下ろしていた。エルツ城とは雰囲気が異なり、バランスの取れた三角形の居住性を考えた山城（ブルク）である。城下の街並と後方の山の緑とのバランスも良く、車を止めて写真を撮りたくなる。

さらに車を走らせるとベルンカステル・クースに着く。モーゼル川を挟んでベルンカステル地区とクース地区に分かれている。ベルンカステル地区のマルクト広場周辺は歴史を感じさ

コッヘム城とコッヘムの街

ベルンカステル・クース

せる綺麗な街並であった。積み木を積み重ねたような木組みの家や、頭でっかちで倒れそうな木組みの家があり、街を歩いているだけで楽しくなる。

街角で葡萄の房が飾られた泉の塔を見つけた。モーゼルはドイツワインの代名詞でもあるように、川の北側斜面は一面の葡萄畑であった。この地に足を運んだのは5月であるが、山の斜面を遠くから見ると、山肌が剥き出しになったような景色であった。しかし近くで見ると、葡萄の苗が植えられており、苗の枝がハート形に張られて整列しており、とても可愛い葡萄畑だった。

葡萄畑の小高い山の上に、古城ランツフート城が建っている。古城の近くまで車で登ることができ、庭のテラス席で絶景（前ページ左の写真）を眺めながら休憩させてもらった。

葡萄を飾った泉

ハート形の苗が植えられた葡萄畑

頭でっかちの家

モーゼル川に沿ってさらに進むと、ルクセンブルクとの国境に近いトリーアに着く。2000年の歴史を持つドイツ最古の町で、ローマ帝国時代の遺跡が多く残っている。

トリーアのシンボルは、中心街に建つポルタ・ニグラである。2世紀頃にローマ市の城門として造られたもので、ドイツにあるローマ時代の遺跡としては最も貴重なもので、世界遺産にも登録されている。ポルタ・ニグラとは「黒い門」を意味するが、黒い砂岩を積み上げて造られていることに由来して名付けられたそうだ。下の写真の反対（裏）側は丸みのある建物になっていたが、どちらが表か裏かは分からない。隣にはローマ遺跡のような回廊の建物（市立博物館）があり、中庭（ブルンネンホーフ）のテラスでビールを飲んで休憩した。

街の中央広場にはドイツの雰囲気を漂わせる建物が並び、真ん中には時計台のような十字架の塔が建っていた。広場の近くにあるロマネスク様式の大聖堂は、4世紀に建されたドイツ最古級の大聖堂で、壁にかかってい

パイプオルガン

ポルタ・ニグラ

たパイプオルガンの宝石箱のような装飾が素晴らしかった。

大聖堂の近くに宮殿（アウラ・パラティーナ）があり、宮殿の庭園を通り過ぎると、もう一つのローマ遺跡がある。4世紀のコンスタンティヌス帝の時代に造られた、皇帝の大浴場跡カイザーテルメンである。建物や水路は石造りであるが見事な曲線美であり、ローマ時代の技術力を窺い知ることができる。

ローマ帝国時代、トリーアには多くの地中海文明が持ち込まれたが、その一つがワインである。トリーアはドイツワイン発祥の地とされており、町の所々で古代からのワイン造りに因んだ物を見かけた。ワインケラー（醸造所）の前では、ワイン樽を運ぶ船のモニュメントを見かけた。この街がモーゼルワインの歴史を育み、今もワインの一大産地になっている。

カイザーテルメン

ワイン醸造所のモニュメント

トリーアの街と別れて、隣国ルクセンブルク公国に入った。ドイツ・ベルギー・フランスに囲まれ、深い渓谷と緑の森に囲まれた小国である。首都に立ち寄っただけであるが、川と渓谷に囲まれた街は、おとぎの国のような神秘さを感じる風景だった。

緑に覆われた断崖絶壁の風景の中で、ひときわ輝くのが大きな石のアーチ・アドルフ橋である。全長84メートル、高さ43メートルの壮大な橋で、旧市街と新市街がこの橋によって結ばれている。

ルクセンブルクはドイツ語読みに由来しているが、「〇〇ブルク」が示すように城塞都市である。断崖絶壁を利用した城壁に囲まれて、長い間難攻不落の城（街）であったようだ。断崖絶壁を利用した要塞は「ボックの砲台」と呼ばれて見学可能である。洞窟のような穴に大砲が置かれており、洞窟の穴から眺める景色も絶

ボックの砲台

アドルフ橋（ルクセンブルク）

景であった。

断崖絶壁の景色を堪能して旧市街へ移動した。ドイツの街と同じように旧市街の中心部に広場があり、広場には第一次世界大戦の戦没者慰霊碑があって、その頂には黄金の女神像が市内を見守っていた。近くに、豪華な宮殿（大公宮）と教会（ノートルダム大聖堂）があるのもドイツと同じであった。

断崖絶壁で見たアドルフ橋を渡って旧市街から新市街に移動すると、ルクセンブルク中央駅がある。車で移動していたので駅舎は利用していないが、とても趣のある駅舎であった。

ルクセンブルク中央駅

ゲーテ街道と
ドイツ東部

エアフルト・フィッシュマルクト周辺の建物

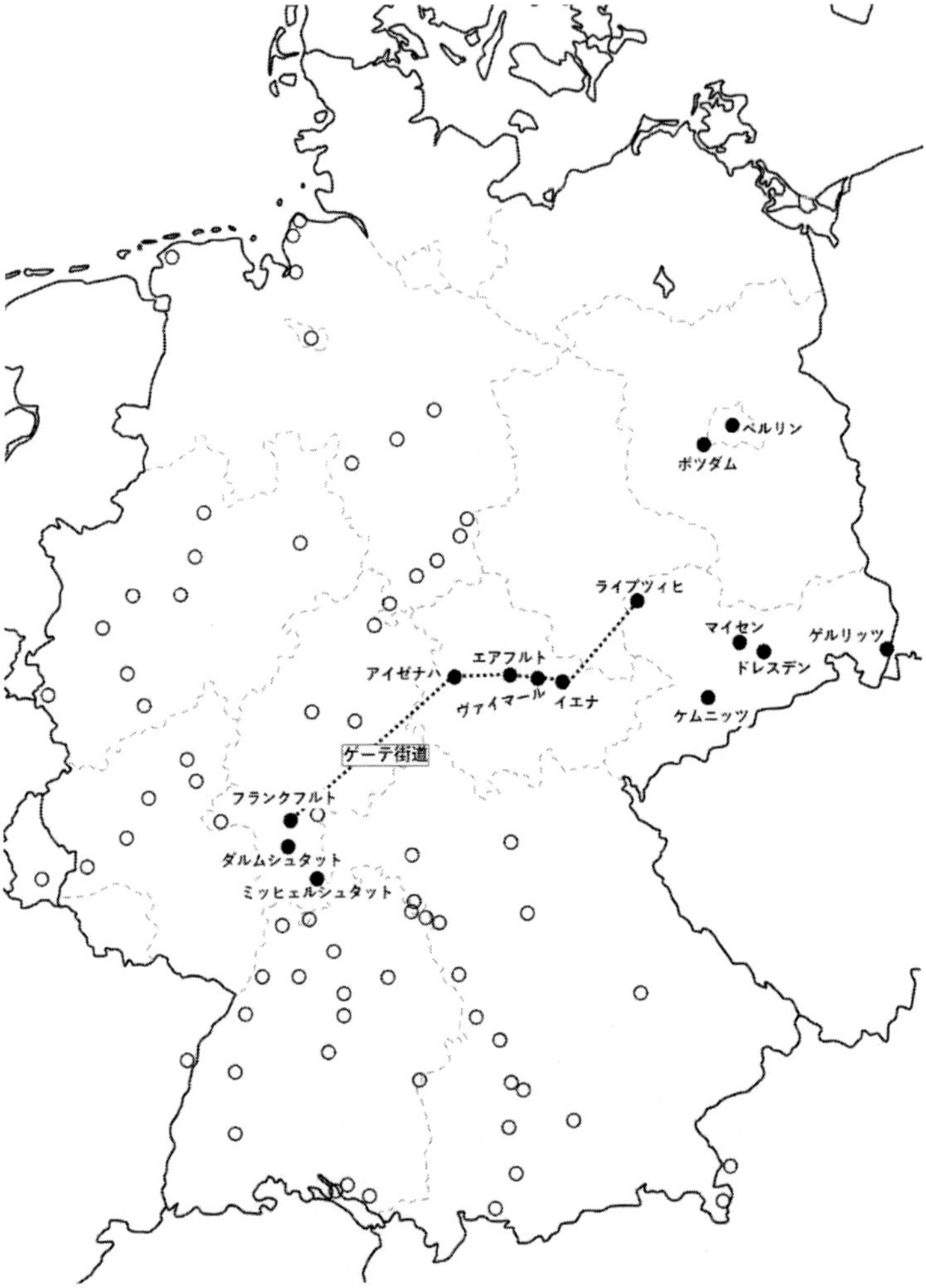
ベルリン
ポツダム
ライプツィヒ
マイセン
ゲルリッツ
ドレスデン
エアフルト
アイゼナハ
ヴァイマール
イエナ
ケムニッツ
ゲーテ街道
フランクフルト
ダルムシュタット
ミッヒェルシュタット

フランクフルトから東に延びるゲーテ街道、文豪ゲーテゆかりの地を辿る街道である。作曲家のバッハやメンデルスゾーン、宗教家のルターなどとも縁がある街が多く、別名ドイツ古典街道とも呼ばれる。歴史的な都市や世界遺産に指定された名所旧跡が点在しており、南にはテューリンゲンの森があり、ドイツ統一後は最も人気のある観光街道である。旧東ドイツの街はドイツ統一後に訪ねたが、ドイツの首都ベルリンには統一前後に訪問する機会があり、統一によるベルリンの街の変化をこの目で実感した。

フランクフルトと周辺の街

ドイツ渡航の際にフランクフルト空港や中央駅は何度も利用したが、中央駅を出てフランクフルトの街に足を運ぶ機会は少なかった。フランクフルトの南にあるダルムシュタット、ミッヒェルシュタットも印象深い街だった。

フランクフルトの街で記憶に残っているのは、レーマー広場とゲーテハウスである。レーマー広場には、美しい木組みや切妻屋根の家が昔の面影を残していた。階段状の切妻屋根の建物

レーマー広場

が三棟並んでおり、中央がレーマーと呼ばれる旧市庁舎である。私がこの広場に足を運んだ時は、公共施設が一般公開されるオープンハウスの日で、広場には露店が出て多くの人が集まっており、広場の中央にある女神の噴水も見えないほどだった。

ゲーテ街道の始点であるフランクフルトには、ゲーテが生まれてから青年期までを過ごした家、ゲーテハウスが博物館として公開されいる。18世紀当時の館が復元されているが、4階建ての多くの部屋がある大きな家で、豪華な家具やシャンデリア、本棚や壁の絵画などを見て、ゲーテ家が名家であったことが窺える。

ダルムシュタットの見どころの多くはマチルダの丘にある。その一つが5本指を立てた印象的な建物（結婚記念塔）である。1905年にルートヴィヒ

結婚記念塔と日時計

ゲーテハウス

大公が結婚したことを記念して建てられた塔で、今は結婚式場として利用されている。大公の結婚式での宣誓の手（5本の指）を表現しており、「五本指の塔」とも呼ばれている。塔の側面には青いガラスモザイクのような日時計がはめ込まれており、12の星座が金色に輝いていた。

近くにあるロシア教会の建物も美しく、玉ねぎが載ったような鐘塔や薄青みかかった色合いなど個性的な雰囲気があった。

マチルダの丘を離れて街の中心部に戻り、ルイーゼン広場に面したカフェで休憩した。ルイーゼン広場は商店街に面した大きな広場で、ルートヴィヒ記念碑（塔）が建ち、大きな噴水もあって多くの人が行き交っていた。広場の中央をトラム（市電）が通っていたが、車の往来は無く安心して歩くことができ、観光客にも優しい中心街であった。

ダルムシュタットの南東に、小さな美しい町ミッ

ロシア教会

ミッヒエルシュタット市庁舎

ヒェルシュタットがある。ダルムシュタットへ行く途中でこの町を見つけて立ち寄ったが、マルクト広場を中心に小ぢんまりとした町で、広場に建つ市庁舎の建物が美しく印象的だった。二本の尖塔の間に時計塔がある木組みの建物で、市庁舎とは思えない、おとぎの国の建物のようであった。周辺にも花を飾った木組みの家が並んでいて、大都市とは異なる小さな町の美しさを感じた。

ルターとバッハの街

フランクフルトの次に立ち寄ったゲーテ街道の町はアイゼナハである。ルターやバッハが若き日を過ごした町で、郊外にあるヴァルトブルク城と共に、観光客が注目する町でもある。

街のカールス広場にはルターの像が立っており、マルクト広場の近くにはルターの家やマルティン・ルター・ギムナジウム（中等教育学校）がある。ギムナジウムの玄関には、「ルターは 1498–1501

ルターの像

ギムナジウムの玄関

年にこの学校の生徒であり、バッハは 1692–1695 年に生徒であった」と書かれていた。

バッハはこの地で生誕して10歳までを過ごしたが、町の南部にはバッハの家（博物館）がある。バッハ一族の館であった建物が博物館になっており、バッハ家が生活していた頃の調度品や楽器が展示されている。博物館の前には、堂々としたバッハ像が立っており、像の後ろには、赤煉瓦の塀を挟んでバッハ家の墓地があった。

博物館で見た、バッハ一族の家系図が印象的だった。日本で目にする家系図は、上方に書かれた古い先祖から下方の新しい親族へ裾拡がりの系図である。しかし、バッハ一族の家系図は木のように描かれており、下部の根元から上に向かって枝分かれする系図であった。他の博物館でも同じような家系図を目にしたが、上に拡がる家系図も趣がある。

バッハの肖像画の展示室も興味深い場所だった。音楽の教

博物館前のバッハ像

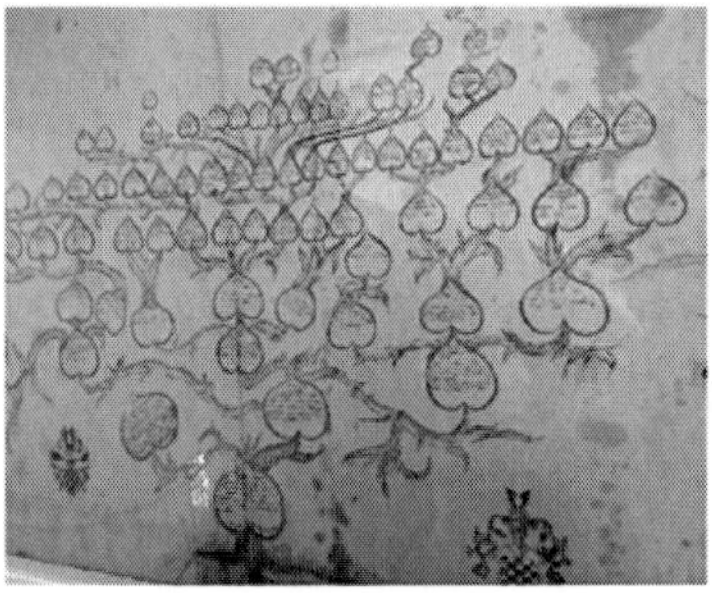

バッハ一族の家系図

科書やレコードカバーなどでバッハの肖像画を目にしていたので、一目見ればバッハと分かるものだと思っていた。しかし、私がよく目にしていた肖像画以外にも、バッハの肖像画が複数飾られていた。当時バッハの肖像を描いた画家（？）が複数いて、異なる肖像画が複数展示されていたので、それらを見比べながら違いを見つけるのも楽しかった。

肖像画の展示室には、天井から釣り下げられた透明のカプセル型の椅子があり、椅子に座ってバッハの肖像画を眺めながら作品曲を楽しむようになっていた。また館内では、バッハ時代の古典楽器（チェンバーオルガン）の実演もあった。

アイゼナハの郊外には、11世紀後半に建てられたヴァルトブルク城がある。高い山の上に建つ山城で、途中で車を止めて歩いて登るのであったが、頂上の城に辿り着いて食べたアイスクリームが美味しく、城からアイゼナハの街を見下ろす景色も素晴らしかった。城門を潜って城内に入っても石段を上り下りする山

ヴァルトブルク城

バッハの肖像画とカプセル椅子

城であるが、ルターは、1500年代に十ヶ月間この城に身を隠して聖書を翻訳したという。その部屋はとても質素で、山の上のこの部屋に十ヶ月一人で・・・と思うと想像を絶した。

ドイツ統一前の1985年にも、旧東ドイツへのツアー旅行でこの城を見学した。その際のアルバムに、赤煉瓦の建物前で映した写真があるが、どこで撮った写真か記録が無いままであった。そして、2018年にこの城を見学した際にも同じ建物の写真があり、ネット検索で調べたら、城の近くにある古城ホテルの写真であることが分かった。

テューリンゲンの州都

旧東ドイツの南部テューリンゲンの森に囲まれた町エアフルトは、1200年の歴史を誇る古い町で、歴史的な建物など見どころが多くある。2018年に、エアフルトに住んでいた知人の

聖書を訳した部屋

古城ホテル（1985年）

案内で街を観光した。

ドーム広場の丘に、大聖堂とセヴェリ教会が並んで建っている。742年に創建の大聖堂は壮大で町のシンボルのように建っており、入口の彫刻を始め、内部にはドイツ最古（12世紀）の燭台やマドンナ像があり、見どころの多い大聖堂であった。

ドーム広場の隣にはシュタージ博物館と呼ばれる記念教育センターがある。旧東ドイツの国家保安省（シュタージ）が使用していた刑務所が博物館として公開されており、牢獄や記録資料が展示されていて当時の状況を知ることができる。

街を歩いている時、知人が「今歩いているのは橋の上だよ」と言った。クレーマー橋である。それまで歩いていた商店街と同じように、石畳の通路の両側に商店が軒を並べている。歩いている時は橋の上とは分からないが、通り抜けて川辺に降りて眺めると確かに橋の上に家が建ち

エアフルトの大聖堂とセヴェリ教会

記念教育センター（シュタージ博物館）

並んでいた。家付きの橋としてはヨーロッパ最長のようで、120メートルの橋の両側に32軒の家が並んでいる。12世紀初期の文献に、この橋のことが初めて書かれているようで、現在は石橋であるが当初は木造の橋であったようだ。

クレーマー橋の近くに、かつて魚市場だったフィッシュマルクト広場がある。広場の中央にはローラント像があり、周辺には市庁舎を始め華麗な建物が競い合うように建ち並んでいる。市庁舎は19世紀に建てられたネオゴシック様式の建物であり、近くの色鮮やかな建物（本章冒頭の写真）はギャラリーやレストランになっている。そんな華麗な建物（レストラン）のテラス席でビールをいただいて食事をした。

エアフルトの知人は、「クラインガルテン」という市民農園を所有していた。家付き市民農園あるい

エアフルト市庁舎

クレーマー橋、（右）外観、（左）橋の上

は滞在型市民農園で、ドイツでは200年の歴史がある賃貸制の市民農園である。街の近郊にあり、フェンスで仕切られた農園に小さい家が建っており、野菜・花・果樹などが植えられている。農園の家では寝泊まりも可能であるが、残念ながら知人の家は、水道に不具合があって利用できなかった。

クラインガルテンのことを知って以来、ドイツ国内を鉄道で移動する時に、車窓からガルテンと思われる光景を時々目にしていた。大都市の近郊とは思えないのんびりした空間であり、日常生活の疲れを癒す羨ましいガルテンであった。

ゲーテと銀杏の街

ゲーテ街道の中心都市ヴァイマール、日本ではワイマールの呼称が馴染みやすいが、ドイツではヴァイマール(ヴァイマル)である。「ドイツ文化のゆりかご」とも言われるこの街のいたるところに、ゲーテやシラーなど文

ゲーテとシラーの像

クラインガルテン

芸家の名所が残っている。その象徴が、国民劇場の前に立つゲーテとシラーの像である。

ゲーテは生涯の大半をヴァイマールで過ごしており、亡くなるまで暮らしたゲーテの家が博物館になっている。フランクフルトのゲーテハウスと同様に大きな家で、居間・寝室・書斎などの他、広い中庭の花壇や木々も見学できる。

街にはシラーの家や音楽家リストの家もある。シラーの家の近くにはガチョウ飼いの噴水があった。メルヘン街道のゲッティンゲン（後述）の「ガチョウ番娘の噴水」は有名であるが、この噴水は娘ではなく農夫が二匹のガチョウを抱えていた。

ゲーテの家の近くに、1500年に建てられたヨーロ

ゲーテの家（中庭）

シラーの家

ガチョウ飼いの噴水

ツパで最も古いレストランの一つ、ツム・ヴァイセン・シュヴァン（白鳥亭）がある。また、マルクト広場には、ラーツケラー（レストラン）やクラーナハ（画家）の家など荘厳な建物が並んでいる。商店街には鉱石や化石を売る店があったが、ゲーテは鉱物の研究でも知られているようだ。そして、ゲーテに因んで名付けられた鉱物ゲーサイト（針鉄鉱）があることを知った。

　マルクト広場の近くに、バッハの胸像が立っていた。1700年代の初めにバッハが住んでいた住居の跡地であった。今は民家が建っていたが、壁には「この場所にヨハン・ゼバスティアン・バッハが住み、フリーデマン・バッハ（長男）とフィリップ・エマヌエル・バッハ（次男）が産まれた」と書かれた銘板が掛けられていた。

バッハの胸像と銘板

　ヴァイマールには、ドイツ最初の公立図書館であるアンナ・アマーリア図書館がある。「緑の城」と呼ばれていた、ルネサンス様式の建物を図書館に改築したもので、中央ホール（ロココ・ザール）が世界遺産になっている。18世紀当時、この図書館の運営を任されたゲーテが、使用規則を作り検索しやすいように工夫して、当時としては画期的な近代的図書館であったようだ。

この図書館を見学するために中に入ったが、世界遺産の保護のために一日の入館者数が制限されており、残念ながらその日の入館者数は終了していて見学できなかった。図書館に隣接した広場には、ヴァイマールの歴史で最も有名な王子、カール・アウグスト大公の騎馬像が立っている。

マルクト広場の一角に銀杏博物館がある。1階は銀杏関連グッズを販売する商店で、2階が博物館になっており、そこでゲーテと銀杏の関わりを知った。ゲーテは「銀杏の葉」の詩に、「もともと一枚の葉が二つに分かれたのでしょうか、それとも二枚の葉が互いに相手を見つけて一つになったのでしょうか?」と書いているのだった。

博物館には、「銀杏」の毛筆書と日本語が書かれた銀杏の絵画があった。いずれも、愛知県出身の画家・加藤温子氏の作品で、ゲーテの詩が日本語で書かれていた。加藤氏はドイツ

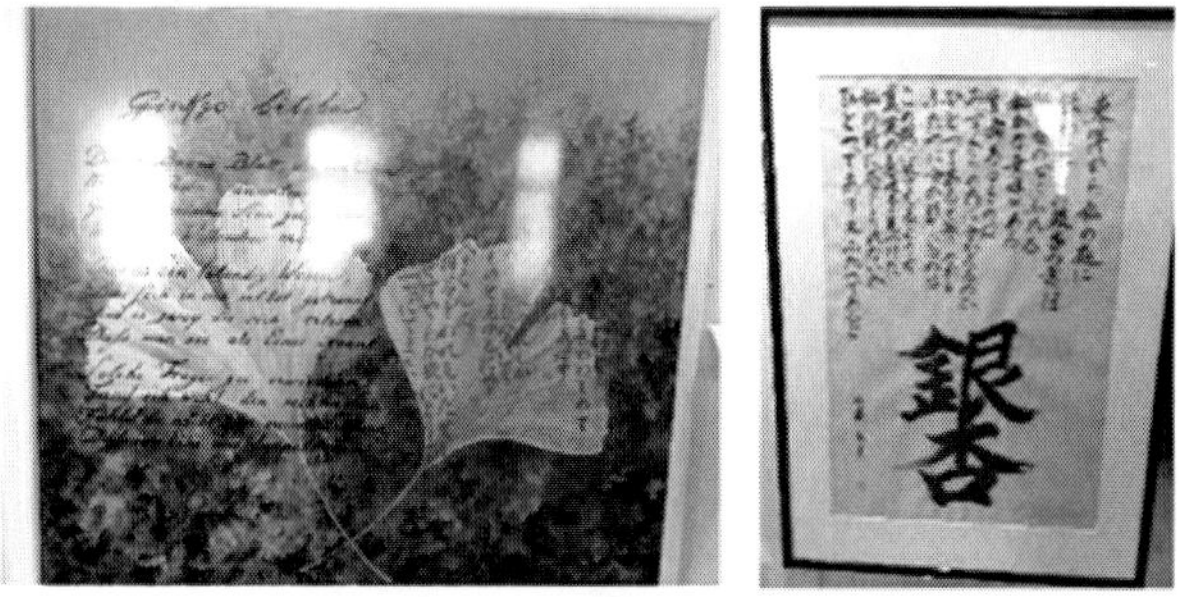

加藤温子氏の毛筆書と絵画

に永く滞在しておられ、銀杏をモチーフにした絵画を多く描かれていたようだ。

商店には、銀杏葉茶、銀杏飴、銀杏由来の健康用品などの日用品の他、銀杏の種や銀杏の苗の鉢植えが並んでおり、苗にはゲーテの肖像札が付けられていた。可愛い鉢植えだったが、旅の途中で銀杏の苗を買うのは難しいので、銀杏の葉をデザインしてゲーテの詩が書かれた、しおりを買って旅の思い出とした。

ゲーテと銀杏の関わりはガイドブックにも書かれておらず、現地で初めて知った歴史であった。銀杏は中国原産であり、中国から日本に渡り、1600年代にドイツ人の医師が、長崎からヨーロッパに持ち込んだようだ。街にある音楽学校の構内に大きな銀杏の木があった。日本では街路樹や公園で銀杏の木をよく見かけるが、ドイツの地で銀杏の木を見るのは珍しく、秋になって黄色くなった葉が落ちるのを想像しながら眺めていた。

銀杏苗の鉢植えと銀杏のしおり

ヴァイマールのもう一つの世界遺産がバウハウスである。「バウハウス」を訳すと「建築の家」であり、近代建築や美術・デザインに関する総合的な教育を行った芸術造形学校で、1919年にヴァイマールに創設された。ある資料にバウハウスの特徴として、余計な装飾を排除した、シンプルで機能的な美しさを重視したデザインと書かれていた。ドイツ各地を見学している時、「この建物はバウハウスのデザインです。」という説明を時々耳にしたことを思い出す。

ヴァイマールにバウハウス博物館があるが、2018年には博物館は閉まっていて見学できなかった。同じ年に訪問したベルリンにもバウハウス博物館（展示館）があるが、やはり閉館していて見学できなかった。翌年の2019年がバウハウス設立百周年の年で、各地のバウハウス関連施設は、リニューアルするための改修工事をしていたようだ。

バウハウス博物館

光学の街・文学と音楽の街

大学都市として知られているイエナには、ドイツ最古の大学の一つがある。イエナ大学（フリードリヒ・シラー大学）は16世紀に創立され、ゲーテやシラーも教鞭を執った大学である。

街のショッピングモールに隣接して大学のキャンパスがあり、若者も多く明るく活気のある雰囲気の街だった。街の中心部に円筒形の高層ビル（イエンタワー）があるが、このビルもかつては大学の校舎だったようだ。

イエナは光学の街でもある。眼鏡・カメラ・顕微鏡などのレンズの会社であるツァイス（ZEISS）社が生まれた町で、この町にあるツァイス光学博物館を見学した。会社の創設者カール・ツァイスの生い立ちや会社の歴史、そしてレンズや光学機器の変遷が展示されている。

眼鏡のコーナーには、江戸時代に日本で使われていた眼鏡の展示もあり、着物に羽織袴の老人が眼鏡を使用する姿が絵になっていた。

カメラのコーナーには、ツァイス社が世界に先駆けて発売した小型カメラ「コンタックス」を始め、蛇腹の付いたカメラや二眼レフカメラなど、今では見かけなくなった懐かしいカメラが並んでいた。

顕微鏡のコーナーには、様々に形を変えた顕微鏡の変遷が展示されている。初期の直立鏡筒

イエンタワー

眼鏡の展示コーナー

の顕微鏡は、小さい望遠鏡を支持台に立てたようなイメージであるが、鏡筒を斜めに傾けられる顕微鏡になると、我々が使っていた顕微鏡に近くなる。祖父や母が医師であった妻は、子供の頃に見た顕微鏡を思い出して、思わず「家にあった顕微鏡と同じ」と叫んでいた。

カール・ツァイスの名は知っていたが、ツァイス社の共同経営者だった、物理学者のエルンスト・アッベのことは初めて知った。アッベは光学機器の研究開発と共に従業員の社会保障制度など経営にも関わり、「ツァイス財団」という新しい組織を誕生させて、ツァイス社とイエナの発展に貢献した重要な人物だった。光学博物館に隣接する公園の一角に、アッベ廟の小さな建物があり、アッベの胸像が立っていた。また、近くにツァイス・プラネタリウムがあり、その前にはベンチに座ったアッベの像があったので、一緒に写真を撮らせてもらった。

このプラネタリウムは1926年にオープンし、今も稼働している世界最古のプラネタリウムとのことである。

ベンチに座るアッベ像

モール街の投影機

残念ながら私が立ち寄った日は休館日であったが、イエナのモール街にもプラネタリウム投影機の模型が置いてあった。

ゲーテ街道の終点は、文学と音楽の街ライプツィヒである。町の名前は、7世紀にここに村を作ったソルブ人の言葉「リプツィ（菩提樹）」に由来している。

ライプツィヒの中央駅は、欧州でも最大級の頭端式（行き止まり式）の駅で、ドームが見事である。この駅を初めて利用したのは2014年であるが、駅に降り立って荘厳な駅舎に感動し、構内にあるショッピングモールなどを長時間見て歩いた。その後もドレスデンを訪問した際に立ち寄っていた。ある時は列車の遅れを待つために、駅舎の構内に2時間近くいたこともあるが、広くて綺麗な駅構内なので退屈しないで待つことができた。

ライプツィヒ旧市庁舎

ライプツィヒ中央駅

駅を出てマルクト広場に向かうと、16世紀に建てられた美しいルネッサンス建築の旧市庁舎がある。旧市庁舎の後ろには若き日のゲーテの像が立っており、ゲーテはこの町で学生時代を過ごしたのだ。

ゲーテ像の正面にあるメドラー・パサージュ（アーケード街）に入ると、地下に降りる階段の脇に二つの像が立っていた。像の台座には「ワイン酒場で悪魔が学生を魅了する『ファウスト』の場面」と書かれていた。ゲーテの作品『ファウスト』に登場するファウストとメフィストフェレスの像である。そして階段を降りた地下に、ワイン酒場「アウアーバッハ・ケラー」があった。

1525年に創業の老舗ワイン酒場で、店には入らなかったが、予約が無い飛込みでは席は見つからなかっただろう。アーケード街に入る時には気が付かなかったが、入口には「アウアーバッハ・ケラー」の看板が付いていた。

メドラー・パサージュは全長140メートルのアーケード街で、1914年の創設当時はドイツ最大のアーケード街で

若きゲーテの像

『ファウスト』の像

アウアーバッハ・ケラーの看

あったようだ。日本では商店が並ぶ街路に屋根を付けてアーケード街と呼んでいるが、ここは建物の中に商店が並ぶアーケード街である。

メドラー・パサージュを通り抜けてから、トーマス教会へ向かった。バッハが音楽監督をしていた教会で、教会の前にバッハの像が立っており、中にはバッハやルターのステンドグラスがあった。教会の向かいにはバッハ博物館もある。ライプツィヒは、バッハの他にも多くの音楽家が活躍した町であり、ワーグナー展示室やメンデルスゾーンの家もある。

バッハ像とバッハのステンドグラス

シュトレンの街ドレスデン

ザクセン州の州都ドレスデンは何度か訪ねた。最初の訪問はドイツ統一前の1985年、最後の訪問は2019年で、ドイツ統一前後のドレスデンを目にしてきた。統一前は後述するフラウエン教会のように、第二次世界大戦で壊滅的な被害を受けた瓦礫がそのまま残されていた。統一後間もない1993年には、街を再建する復興工事が始まっており、その後も訪問するたびに街の様子が変化していた。

「エルベ河畔のフィレンツェ」と形容されるドレスデンの街は、エルベ川を挟んで南に旧市街、北に新市街が拡がっており、観光名所の多くは旧市街にある。ドレスデンを訪問する際に必ず足を運ぶのは、ツヴィンガー宮殿、フラウエン教会、そしてシュトレン（菓子パン）の店である。

ツヴィンガー宮殿は、18世紀に建設されたバロックの最高傑作と言われる荘厳な宮殿である。中庭が噴水のある広い庭園になっており、宮殿内は絵画館になっている。宮殿横の広場には、騎馬像と共にオペラハウスが建っている。建築家ゼンバーによって建てられたので、「ゼンバーオペラ」と呼ばれている。2014年には、このオペラハウスで本場のオペラを鑑賞した。

磁器の壁画「君主の行列」

大聖堂（左）とレジデンツ宮殿

オペラハウス

ツヴィンガー宮殿の周辺には、大聖堂やレジデンツ宮殿など荘厳な建物が並んでいる。レジデンツ宮殿の外壁にはマイセン磁器の壁画「君主の行列」があり、100メートルほどの壁に約25000枚の磁器タイルを並べた見事な壁画である。戦火で宮殿が焼け落ちても、高温で焼かれた磁器タイルは無事であったようだ。

荘厳な建物が続くエルベ川沿いのブリュールのテラスでは、ゲーテも絶賛したと言われる素晴らしい眺めに出会う。エルベ川は2002年の夏に異常降雨の大洪水で氾濫し、ドレスデンの旧市街は腰の高さほど浸水した。2008年に宿泊したホテルでは、1階の壁に浸水の跡が生々しく残っていた。そして、2014年にはエルベ川の橋の上に、大洪水の記憶を呼び起すように、葛飾北斎の浮世絵を模したような看板が設置されていた。

エルベ川大洪水の看板

第二次世界大戦で街の80％近くが破壊されたドレスデンを象徴するのが、フラウエン(聖母)教会である。1985年の訪問では戦後のまま瓦礫の山となっていたが、ドイツ統一後の1993年には、巨大なクレーンが設置されて再建が始まるのを見た。瓦礫の山に積まれていた石材をはめ込む再建で、世界最大のパズルと言われた難関工事が2005年に完成した。その後のドレスデン訪問では、再建されたフラウエン教会の姿を見せてもらったが、教会の所々に黒く焼け焦げた石があり、瓦礫の石が使われていることが分かる。そして改めて写真を見ていて、教会前のルター像は、戦後の瓦礫の前にも破壊されずに立っていることに気が付いた。

エルベ川の橋を渡って、新市街側から旧市街の荘厳な建物群を眺める景色も絶景であり、エルベ河畔には写真撮影のための「風景の額縁」が設置されていた。

ドレスデンは大都市で、中心部の旧市街だけなら歩いて回れるが、旧市街の南にある中央駅からエルベ川の北にある新市街まで歩くのは少しきつい。私がよく利用したのはトラム（路面電車）で、一日乗車券を買って観光名所を移動していた。

フラウエン教会とルター像

風景の額縁

フラウエン教会の瓦礫(1985年)

新市街は商店や住宅が並ぶ庶民的な雰囲気の街であり、街中にマルクトハレ（屋内市場）を見つけた。40年前に滞在していたシュトゥットガルトにもあったが（前述）、やはり100年以上の歴史を持つ屋内市場で、食料品や雑貨などの店が入った大きな常設市場であった。

新市街の街中に、「クンストホーフパサージュ」と呼ばれる一角がある。「クンストホーフ」は「芸術の庭」であり、集合住宅のような建物に囲まれた中庭に、可愛いカフェやショップが並んでおり、建物には芸術的な装飾がされている。中庭は五つの区画に分かれていて、「光の庭」「動物の庭」「怪獣の庭」「エレメントの庭」「変化の庭」と名付けられている。「エレメントの庭」の建物には、ラッパのオブジェのような雨どいがあり（下の写真右）、「動物の庭」の建物には、実物大ほどのキリンやサルの絵が描かれていて（写真左）、五つの「芸術の庭」を楽しませてもらった。

ドレスデンの名物の一つが、1434年以来のドイツ最古の歴史を誇るクリスマスマーケット

クンストホーフパサージュの建物

である。中央駅に近い商店街のプラガー通り、旧市街の中心にあるアルトマルクト広場、フラウエン教会のあるノイマルクト広場、レジデンツ宮殿の中庭など、街のいたる所に屋台が並んでいて、12月にはドレスデンの街はクリスマス一色になる。アルトマルクト広場がメイン会場で、大きなクリスマスツリーと共に、世界最大のクリスマスピラミッドも立てられている。レジデンツ宮殿の中庭には、中世の雰囲気が漂った屋台が並んでいた。

アルトマルクト広場では、シュビップボーゲンと呼ばれるアーチ形のキャンドルスタンドが会場の玄関口になっていた。シュビップボーゲンは、ザクセン州南部のエルツ地方で働く鉱山労働者が、クリスマス前の最後の仕事日に、アーチ形の坑道入口に安全灯を吊るして一年間の安全を感謝し、来る年の無事を祈念した慣習から生まれた民芸品である。マーケットの屋台に

クリスマスマーケット

もキャンドルスタンドが並んでいた。

玄関口のシュビップボーゲンには、「クリスマスマーケット」ではなく「シュトリーツェルマルクト」と書かれている。「シュトリーツェル」は、ドイツでクリスマスに食べられるシュトレン（シュトーレン・菓子パン）の古い言い方である。ドレスデンのクリスマスマーケットでは、1500年頃からシュトレンが売られていたので、クリスマスマーケットの名前が「シュトレンマルクト（市場）」になったようだ。毎年12月中旬にはシュトレン祭りが開催され、3トンもの巨大なシュトレンが焼かれて、市民の仮装行列とともにクリスマスマーケットに運ばれる。シュトレン祭りを見学したことはないが、ドレスデンを訪問した時は必ずシュトレンを買い求めていた。

シュトレンと共に忘れられないのがバウムクーヘンである。ドイツ発祥のバウムクーヘンだがドイツでは日本ほど人気は無く、バウムクーヘンを食べられる店は限られていた。ドレスデンのカフェで、バウムクーヘンを見つけたのでさっそく注文した。木の幹を輪切りにしたよう

屋台のシュビップボーゲン

玄関口のシュビップボーゲン

なバウムクーヘンを予想していたら、切り株を削ぐように、薄くスライスされたバウムクーヘン片が三切れ出てきた。同じバウムクーヘンでも、所変われば品変わる・・であった。

最後に、ドレスデンの隠れた名所が、フォルクスワーゲン社の自動車組立工場である。国際会議に参加した際に見学させてもらったが、ガラス張りの斬新な工場である。外の道を行き交う人も自動車の組立ラインを見ることができる、博物館のような工場であった。とにかく見どころの多いドレスデンであるが、まだ全ては見学できていない。

ドレスデン周辺の街

ドレスデン周辺の街では、マイセン、ケムニッツ、ゲルリッツを訪ねた。2008年に、ドレスデンから列車で30分ほどのマイセンにある磁器博物館を見学した。駅からエルベ川沿いの通りを歩いていると、街に繋がる橋の奥の小高い丘にアルブレヒト城が見える。ロマンティック街道の起点、ヴュルツブルクの城(マリエンベルク要塞)と似た雰囲気である。城の高台まで歩いて登るのは大変であったが、城から街やエルベ川を眺める景色

アルプレヒト城

は絶景であった。城の隣にゴシック様式の大聖堂が建っている。エルベ河畔から見ていたアルプレヒト城（前ページの写真）は大聖堂と一体のように見えたが、丘に登ってみると城と大聖堂は別ものであった。

城の丘を下って、マルクト広場で市庁舎とフラウエン教会を見学した。近くに華麗な木組みの建物を見つけたが、16世紀に建てられた建物を利用したレストランであった。さらに1キロほど歩いただろうか、街の外れにある磁器博物館に到着した。

博物館にはマイセン磁器の展示だけでなく見学用の工房もあって、職人たちの見事な技を目の前で見ることができる。磁土を形にする造形工程、磁土の部品を組み合わせて複雑な形状品にする工程、絵付けの工程など、マイセン磁器が製造される工程が実演されていた。食器だけでなく飾り人形や花などを作る作業も見ることができ、とても分かり易い工房であった。展示室には膨大な歴史的名品が並べられていて、2時間ほど博物館を見学した。館内の見学に加え、駅と博物館の往復でかなり歩いた記憶であるが、マイセン磁器の魅力と街の観光に満足してドレスデンに戻った。

マイセン磁器の絵付け工房

ドレスデンの南西にあるケムニッツ、観光都市ではないが、産業革命前の英国・マンチェスターと同様に工業で栄えた都市で、「ザクセンのマンチェスター」とも言われる。そんな工業都市ケムニッツには工科大学やフラウンホーファー研究所があり、知人もいたので何度か訪問する機会があった。

初めて訪問したのは1998年であるが、その時に見たカール・マルクスの大きな石像が今も頭に焼き付いている。ケムニッツは、旧東ドイツ時代にはカール・マルクスシュタット（カール・マルクスの町）と呼ばれていた。哲学者・経済学者のマルクスと町とは関係ないようだが、旧東ドイツ政府がそのように命名していたのだ。この像は2019年にも健在であった。

街の土産物店で煙出し人形（お香人形）を見つけて購入した。ザクセン州南部のエルツ地方で古くから作られている木製の人形で、胴体が分離して、火をつけたお香を入れて合体すると口から煙を出す人形である。その後、ケムニッツの知人が

カール・マルクスの石像

煙出し人形

日本に来た時にも土産に持参してくれて、我が家には二つの煙出し人形が健在で、今も頑張って煙を出している。

煙出し人形の他に、前述のシュビップボーゲンやクリスマスピラミッドも、ここエルツ地方を代表する木工民芸品である。ケムニッツの南側、チェコとの国境沿いのエルツ山地が、2019年にユネスコの世界遺産に登録された。エルツ山地の鉱石が工業都市ケムニッツを支えたことは言うまでもないが、エルツ山地の森林による木工産業もケムニッツを支えてきたように思われる。

ドイツとポーランドの国境にある街ゲルリッツ、国境の教会（聖ペテロ・パウロ教会）を見学するため2019年の年末にこの街を訪ねた。

ゲルリッツの駅から国境の教会まで2キロほどの街並を歩いたが、街中にはクリスマスマーケットの屋台が並び、アイススケートの仮設リンクもあって子供たちが楽しんでいた。また、商店街のアーケードには、藁を敷いた羊小屋が設けられており、動物園のように2匹の羊がいた。横には、キリストが誕生した

商店街アーケードの羊小屋

羊小屋の人形模型が置いてあったが、商店街で動物の羊を見たのは初めてで驚いた。

正面に二つの塔がそびえ立つ聖ペテロ・パウロ教会は話題通り見応えのある教会であるが、教会の高台から眺めた国境ナイセ川周辺の風景も見応えがあった。そして、ナイセ川の対岸、ポーランド側から見る教会や市街の風景も素晴らしかった。

対岸はポーランドの町ズゴジェレツであるが、川に架かる国境の橋を歩行者は自由に往来でき、何度も行ったり来たりして両岸からの両国の景色を味わった。

第二次世界大戦後にナイセ川が旧東ドイツとポーランドとの国境線とされて、旧ゲルリッツ市が東ドイツとポーランドに二分された。2007年にポーランドがシェンゲン協定に加盟して検問が廃止され、双方の市民が自由

聖ペテロ・パウロ教会

元国境係官の建物

ナイセ川と対岸ポーランドの街

に往来できるようになったのだ。ポーランド側の橋の脇に石造りの四角い建物があり、意味不明なモザイク画が描かれていたが、以前に検閲のため国境係官が使用していた建物であった。

チェコにも近いこの国境付近はシュレジア地方と呼ばれ、波乱に満ちた複雑な歴史と多様な文化を持つ地方である。そのシュレジア地方の美術工芸品を展示した博物館を見つけた。ルネッサンス様式の豪華で美しい外観の建物が目に付き、立ち止まって見たらシュレジア博物館と書かれていた。しかし、昼休みの閉館時間だったので見学できなかった。

ベルリンの壁とポツダムの宮殿

ベルリンもドイツ統一前後に訪ねる機会があり、統一による街の変化を目の当たりにした。統一前の西ベルリンは旧東ドイツ内の孤島であったので、1980年代に旧西ドイツから西ベルリンを訪問する際には、列車やバスの中でパスポートの検閲があった。列車で西ベルリンに入る際は、カイザー・ヴィルヘルム記念教会に近いツォー駅（動物園駅）を利用していた。当時はツォー駅がベルリンの玄関口だと思っていた。しかし、統一後の2003年にツォー駅から旧東ベルリン方面に行く途中、壁があった近くで工事中の駅を見たが、その駅がベルリン中央駅であることを後に知った。そして、2018年に訪問した際には、ガラス張りのモダンなベルリン中央駅を利用し、ツォー駅は昔の面影も無く、時の流れとベルリンの街の変化を痛感した。

ドイツ統一後の１９９３年に旧西ドイツの知人を訪ねた際、彼が「今は東ドイツ復興のため、西側から多くの労働者が働きに行っている。」と話していた。そして、２０００年代のベルリンやドレスデン訪問では、復興後の様変わりした街を目の当たりにしたのだった。

ドイツ統一前のベルリンで鮮明に覚えているのは、やはりベルリンの壁である。身長の倍ほどあるコンクリートの壁が延々と続いおり、西ベルリン側の壁面にはカラフルな絵が描かれて、壁の向こう側（東ベルリン側）には荘厳な建物が静かに並んでいた。旧西ベルリンでは壁が観光スポットになっていて、壁の近くに東ベルリンを望む展望台が設置されていた。１９８９年にベルリンの壁が市民の手で壊される様子をテレビで見て、その５年前にこの目で見たベルリンの壁を思い出していた。

ベルリンの壁（1984年の西側）

ドイツ統一前後のベルリン訪問では、ブランデンブルク門周辺の変わり様も目の当たりにした。1984年に訪問した時は、西ベルリン側の門の前に壁が築かれていて、門に近づくことはできず、奥の方に東ベルリンの建物が見えていた。一方、東ベルリン側には壁はないものの、警備兵が居て門に近づくことはできなかった。東西両側の遠くから門を眺めるだけであったが、門の上にある四頭立て馬車は東ベルリン側を向いていて、ブランデンブルク門の正面は東ベルリン側であることを知った。

統一後の2003年の訪問では、旧東ベルリン市内のホテルに宿をとり、ブランデンブルク門を通り抜けて、旧西ベ

2018 年のブランデンブルク門

統一前のブランデンブルク門（1984 年、右が西側、左が東側）

ルリンの庭園（ティアーガルテン）まで歩いた。また、2018年には多くの人がブランデンブルク門の下を往来するのを見ながら、統一前の壁に遮られていたブランデンブルク門を思い出していた。

1984年には、旧西ベルリンから国境検問所（チェックポイント・チャーリー）を通って、旧東ベルリンの街を観光した。検問所で持ち物検査や身体検査を受けるため、緊張して並んでいたことを覚えている。当然ながら検査の様子を写真に撮ることはできないが、検問所の外を撮影した写真が残っていた。そして2018年に、かつてのチェックポイント・チャーリーを見つけた。記憶は薄れていたが、その場所に立って、当時緊張して旧東ベルリンの街へ入ったことを思い出していた。

無事に検問所を通過して人の少ない東ベルリンの街に入り、ブランデンブルク門から東に延びる広い通り（ウンター・デン・リンデン）を歩いた。こ

チェックポイント・チャーリー、右 1984 年・左 2018 年

の通りは今も昔もベルリンのメインストリートで、歴史のある重厚な建物が並んでいる。その一つが名門フンボルト大学である。1810年に創立された大学の前には、創立者であるフンボルト兄弟（ヴィルヘルム&アレキサンダー・フォン・フンボルト）の像がある。かつて森鴎外が留学していた大学で、私の二度のドイツ滞在を支援して頂いたフンボルト奨学財団の縁の地である。

ウンター・デン・リンデン通りを東に進むと、川の中州に世界遺産にも登録されている博物館の島がある。重厚な建物の博物館が建ち並んでいるが、やはり見応えのある博物館は、古代の巨大遺跡がそのまま展示されているペルガモン博物館である。屋内の展示とは思えないスケールの大きさに圧倒されながら、古代ギリシャや古代バビロニアの遺跡を見学した。周辺には、歴史博物館、大聖堂、国立歌劇場など、重厚な建造物が集まっている。博物館の島から更に東に進むと、丸い展望フロアが可愛いテレビ塔がある。

ペルガモン博物館

フンボルト大学とフンボルトの像

２０１８年の訪問では、ブランデンブルク門の近くに、コンクリートブロックが多数置かれた墓地のような場所を見つけた。ホロコースト記念碑（通称）であった。２００５年に建造され、縦横の長さは同じで高さが異なる２７１１基のブロックが置かれていて、ブロックの間を通ってユダヤ人犠牲者を追悼するようになっていた。

２０００年代に訪問したベルリンは、ドイツ統一前に見た街の雰囲気は全くなく、大都市の自由な雰囲気が漂っている。ツォー駅近くのカイザー・ヴィルヘルム記念教会は、広島の原爆ドームと同様に戦争で破壊されたまま残されているが、隣に同じ高さでモダンな新記念教会が建てられていて、大都会の真ん中でも違和感なく存在できている。新記念教会の内部には深い青色のステンドグラスが並び、モダンな雰囲気の新教会が素晴らしかった。

ベルリン中央駅でアンペルマンショップを見つけた。アンペルマンは旧東ドイツで使用されていた歩行者用の信号機で、統一後も残されている旧

カイザー・ヴィルヘルム教会

ホロコースト記念碑（通称）

東ドイツの文化である。1985年に旧東ドイツを訪問した際に、このユニークな信号機を見かけた記憶が残っている。また、ベルリン市内のあちこちに、バディ・ベアと呼ばれる大きな熊のモニュメントが置かれていて、歩き疲れた旅人を楽しませてくれた。

2018年には、ベルリン・フィルハーモニーのコンサートを鑑賞した。旅の途中で日程も限られていたので、購入できたチケットは最後尾の席だった。壮大なコンサートホールで最後尾席まで延々と階段を登って行ったが、席に座ってホール全体を眺めると、オーケストラの舞台を取り囲むように観客席が作られていた。そして演奏が始まると、はるか遠くに見える舞台での演奏音が、最後尾の私の耳に矢のように入ってくるのを体感した。これを「一糸乱れず・・」と言うのだろう、複数の楽器の音が一つの矢のように耳に入って

バディ・ベア

ベルリン・フィルハーモニー

アンペルマンショップ

来る。楽団の技術と素晴らしい音響空間によって作り出された音の矢であり、これがベルリン・フィルハーモニーかと、今まで経験したことが無い感動であった。

ベルリンの南西にあるポツダムを1985年に訪問した。ポツダムの街は見学していないが、世界遺産に登録されているサンスーシ宮殿と、ポツダム会談の舞台となったツェツィーリエンホーフ宮殿を見学した。

「サンスーシ」はフランス語で「憂いなし」を意味し、漢訳して「無憂宮」とも呼ばれ、18世紀中頃に建てられた。また、「心配することなく」や「のんきな」といった意味もあり、当時の国王のリラクゼーション（癒し）の場所とされていたとも想像できる。

建物の雰囲気は他の宮殿と変わらないが、サンスーシ宮殿は平屋建てで高さは低く、装飾も比較的少なく簡素な外観であった。しかし、内部の部屋は他の宮殿と同様に、壁から天井まで豪華に飾られている。宮殿の前にある庭園は、樹木や彫像が左右対称に配置され

（左）階段状の庭園、（右）サンスーシ宮殿

た、バロック様式の特徴を持つ庭園である。6段に連なる階段状の庭園（葡萄の段々畑）で、下から宮殿まで少しづつ高くなっていき、庭園越しに下から見る宮殿の風景も素晴らしかった。

ツェツィーリエンホーフ宮殿は、第二次世界大戦後に米・英・ソ連の首脳会談が開かれた場所として知られている。この宮殿は、イギリス別荘様式を採り入れて20世紀前半に建設された。ドイツ各地で見た絢爛豪華な宮殿の外観とは全く異なっているが、内部は皇帝一族の居住場所らしく豪華であり、上品で落ち着いた雰囲気もある。

首脳会談が開かれた部屋は、テーブルなどが当時のまま保存されている。また、中庭にある赤い星の植込みは、首脳会談に出席したソ連・スターリンの権力を誇示するためのシンボルで、会談終了後も記念として残されているのであった。

首脳会談が開かれた部屋

ツェツィーリエンホーフ宮殿

メルヘン街道周辺と北海沿岸

ブレーメンの市庁舎

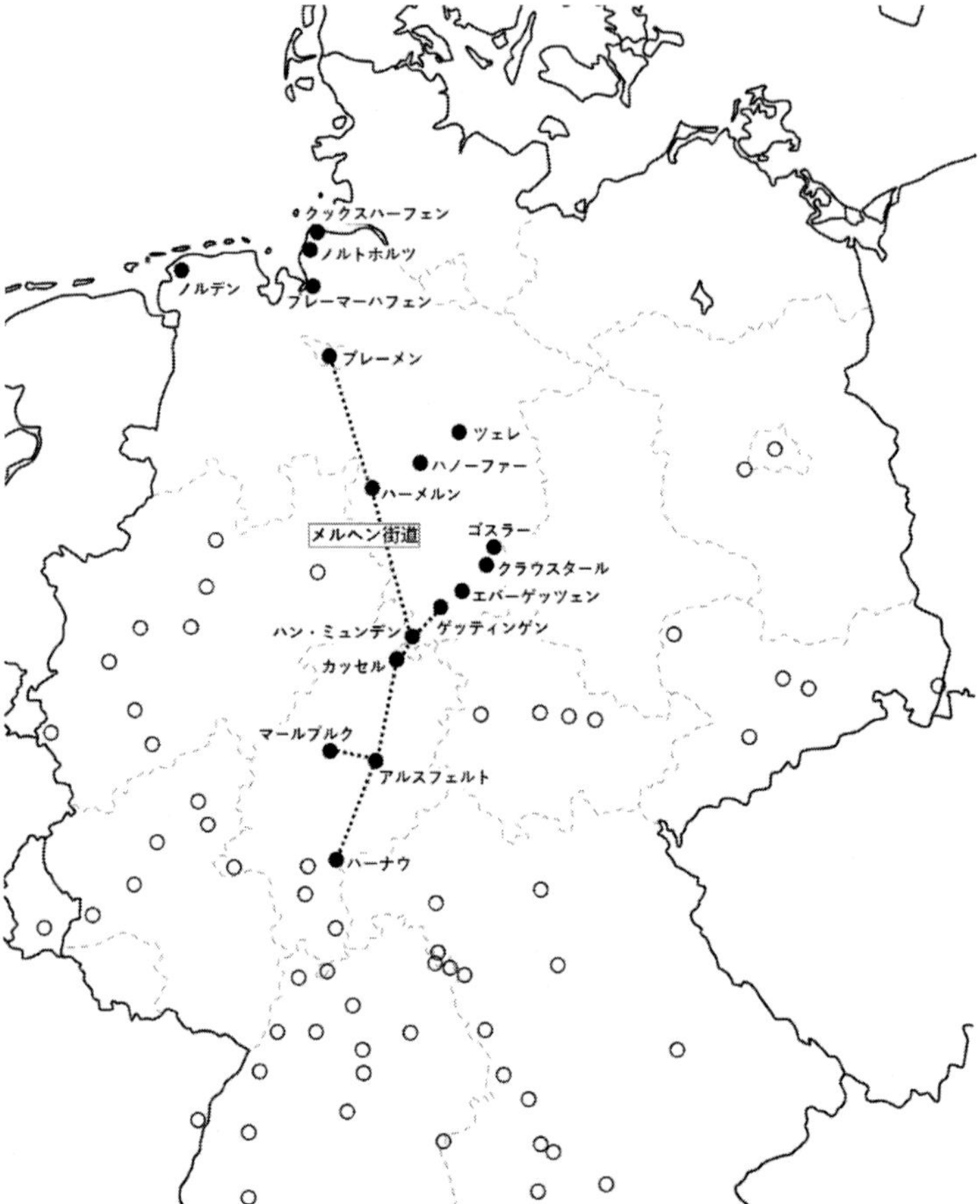
クックスハーフェン
ノルトホルツ
ノルデン
ブレーマーハフェン
ブレーメン
ツェレ
ハノーファー
ハーメルン
メルヘン街道
ゴスラー
クラウスタール
エバーゲッツェン
ゲッティンゲン
ハン・ミュンデン
カッセル
マールブルク
アルスフェルト
ハーナウ

グリム童話の舞台となった、メルヘン街道の街を1985年に訪問した。多くのメルヘンに出会うと共に、素晴らしい木組みの家並の街も印象的であった。メルヘン街道の東側に位置するハルツ地方、ドイツ統一前の東西ドイツ国境付近にある魔女の街も訪ねた。そして、2018年には、ブレーマーハーフェンなど北海沿岸の街にも足を運んだ。

メルヘン街道南部の街

街道南部では、ハーナウ、アルスフェルト、マールブルクを訪ねた。

ハーナウは街道の出発点で、グリム童話を生み出したグリム兄弟の生誕地である。市庁舎の前にグリム兄弟の像があり、立っているのが兄のヤーコブで、本を広げて腰かけているのが弟のヴィルヘルムである。像の足元には、メルヘン街道の起点であることを記したプレートがあるようだが、訪問時には気が付かなかった。

市庁舎とグリム兄弟の像

ハーナウからメルヘン街道を北上すると、小さな町アルスフェルトがある。全く知らない町であったが、マルクト広場周辺の素晴らしい光景に誘われて車を止めた。街並でひときわ目立つのが、1516年に建てられた市庁舎の建物である。石のアーケードの上に建てられた木組みの家で、出窓の上のとんがり帽子のような二つの尖塔が印象的であり、絵本から飛び出したような建物だった。

フランクフルト南方のミッヒェルシュタット（前述）の市庁舎も、とんがり帽子の可愛い建物であったが、いずれもドイツを代表する市庁舎として有名である。市庁舎の隣には石造りの建物（ワインハウス）があり、木組みの市庁舎との調和も素晴らしい。周辺にも素晴らしい木組みの家々が並んでいた。

ワインハウスの裏手には、赤ずきんちゃんの像（噴水・泉）がひっそりと立ってい

赤ずきんの像（噴水）

市庁舎（右）とワインハウス（左）

た。しかし、その赤ずきんちゃんは、私が絵本で見ていた赤い三角の頭巾をかぶった赤ずきんちゃんとは違っていた。像の少女は頭に赤いコップのような帽子を載せており、隣にはガチョウを連れていた。「赤ずきんの像」と呼ばれているものの、実際はゲッティンゲン（後述）にもある「ガチョウ番娘の像」であった。コップのような赤い帽子はこの地方（シュヴァルム地方）の民族衣装である。この噴水が赤ずきんの噴水と呼ばれることから、アルスフェルトが赤ずきんの里と呼ばれているのであった。そして、あの市庁舎の建物は、童話「赤ずきん」の家のモデルになったとも言われている。メルヘン街道に相応しい噴水で、噴水の台座にも可愛い鳥の絵が描かれている。

アルスフェルトの西にあるマールブルクは、グリム兄弟が学んだマールブルク大学がある学生の町として知られている。1527年創立の大学で、人文学に加えて科学分野でも多くの業績を残している歴史的な大学である。

坂道が多い旧市街であったが、この街にも美しい木組みの家が並び、エリーザベト教会と方伯城（マールブルク城）も見応えのある名所であった。

マールブルクの旧市街

エリーザベト教会は、ハンガリーの王女エリーザベトを祀るため、13世紀に建てられたゴシック建築の教会である。街のシンボルでもあるこの教会は二つの塔がそびえ立っており、ケルン大聖堂のモデルになったと言われている。祭壇後方のステンドグラスには、聖女エリーザベトが病人や貧者に献身的に奉仕した様子が描かれている。

エリーザベト教会

テューリンゲン伯の城（方伯城）は小高い丘の上に建っており、今は大学の文化史博物館としてグリム童話に関する展示があるようだ。方伯城は10世紀に建てられた頃はブルク（砦）であったが、次第に増築拡張されてシュロス（居城）の要素が強くなったようだ。方伯城のテラスからエリーザベト教会や市街地を眺める景色も、他のブルク（山城）から見える景色と同様に絶景であった。

メルヘン街道中部の街

街道中部では、カッセル、ハン・ミュンデン、ゲッティンゲンの街を訪ねた。カッセルはメルヘン街道の首都とも呼ばれ、グリム兄弟が長く住んでいた町である。大きな町で見所も多いが、街中を見学した記憶は薄く写真もほとんど残っていない。よく覚えているのは、ヴィルヘルムスヘーエ公園である。東京ディズニーランドの約5倍の面積を有する広大な丘陵地の公園で、迫力ある水の芸術が見られる。

丘の頂点にはヘラクレスの像がそびえ立ち、この像からは公園内だけでなく、市街まで見渡すことができる。ヘラクレスの像から出た水が、カスカーデンという階段水路を流れる水のショーが定期的に行われ、多くの人が楽しんでいた。ショーの時間になるとヘ

ヴィルヘルムスヘーエ公園
（上左）ヘラクレスの像、（上右）カスカーデンの階段水路

ラクレス像の足元から水が流れ始める。水は階段水路をゆっくり流れ落ちるので、水の流れと共に階段水路の横を歩いていった。

階段水路を流れた水は地中に入るが、所々で水路が顔を出したり、滝になって流れ出るようになっている。広大な公園内の水路を2時間近く流れた後に、ヘラクレス像の反対側にある池で大噴水となって吹き上がる。ヘラクレスの像から水の流れと共に公園内を歩いて池の近くまで来ると、最後の大噴水を待つ人が池の周りに集まっていた。大噴水が終わって、改めてヘラクレスの像を振り返りながら、広大な公園と雄大な水の芸術に圧倒される思いであった。

広大な公園の反対側には、ヘラクレスの像と対峙するように、ヴィルヘルムスヘーエ城（宮殿）が建っている。建物の両翼が広い公園を包み込むように拡がる壮大な宮殿で、今は絵画館になっている。広い公園の芝生に座って、しばし遠くのヘラクレス像を眺めていたが、見飽きることのない光景であった。

美しい木組みの家が並ぶ、ハン・ミュンデンの街も忘れられない。各地で木組みの家を見たが、ハン・ミュンデンにはドイ

木組みの家並（ハン・ミュンデン）

ツで最も多くの木組みの家が残っているようで、特に旧市街の通りに華麗な木組みの建物が並んでいた。街のどこを歩いても木組みの家並に圧倒されて、シャッターを押し続けた。

南ドイツなどで見る可愛らしい木組みの家とは異なり、この町の木組みの家は華麗でかつ素朴さを感じさせる。この街の木組みのデザイン（構造）は細かく、建物の上層階が少しづつ前に出ているのが特徴的である。

街中の木組みの家の外壁に、注射器を持った男の像が掛けられていた。当時は壁の装飾かと思って見ていたが、昔この町に住んでいた有名な医者で、この町に「鉄ひげ博士」の逸話があることを知った。

マルクト広場に建つ市庁舎も見応えのある建物で、三つの切妻屋根が並ぶファサードが見事であった。そして、市庁舎の玄関口も圧巻で、黄、青、緑、茶色など鮮やかな色彩のライオンや天使が装飾された、荘厳でカラフルな玄関だった。

ハン・ミュンデンの街には二つの川が流れており、屋根付きの

ハン・ミュンデン市庁舎

鉄ひげ博士

風情豊かな橋が架かっていた。木組みの家が並ぶ街並みとの調和も良く、橋を渡る用は無いが、この橋を行ったり来たりしていた。

グリム兄弟が教鞭を執った名門大学の町ゲッティンゲン、2018年には33年前の記憶をたどりながら街を歩いた。中央駅に降り立ってまず驚いたのは、駅前の広場が自転車で埋め尽くされていたことである。相当な数の自転車であったが、学生が多い大学町を象徴する光景なのだろう。

マルクト広場には、旧市庁舎の前に「ガチョウ番娘リーゼルの泉」がある。この町のシンボルであり、ゲッティンゲン大学の学生の間では、博士課程修了試験に合格したら、この娘の頬にキスをするのが慣例になっているそうだ。

旧市庁舎は1319年に建設されたもので、入口の階段の脇にあるライオンの石像も歴史的に貴重な物らしい。階段から中に入ると、大広間の壁に町の歴史を物語る壁画が全面に描かれており、歴

屋根付きの橋

ガチョウ番娘の泉

史絵巻を見るようであった。幼い子供を連れていた40年前には、旧市庁舎前のテラス席で休憩した写真が残っている。

マルクト広場周辺の見学を終えて、ゲッティンゲン大学の方へ足を進めた。通りには荘厳な木組みの館が点在し、その一つが16世紀に建てられたシュレーダーシェス・ハウスで、見事な木組みの館であった。また、途中の道路には「ダンス」と称する現代アート的な彫像があって、荘厳な歴史的建物と旨く調和していた。

旧市庁舎と入口のライオン像

「ダンス」の像

木組みの館、左はシュレーダーシェス・ハウス

ゲッティンゲン大学は、ローマ帝国の時代1737年の創立である。大学のキャンパスにも、旧講堂や博物館など荘厳な建物が点在しており、その一つ大学美術コレクション（美術館）を見学した。広大な建物に膨大な美術品が展示されていたが、入館者は少なく、静かな雰囲気で美術鑑賞できて満足した。

マックスとモーリッツの故郷

ゲッティンゲンの近郊（東）にあるエバーゲッツエンは、絵本「マックスとモーリッツ」の故郷である。町には、絵本の作者ヴィルヘルム・ブッシュの記念館があり、近くにヨーロッパ・パン博物館もあるので、2018年にこの町へ出かけた。

ゲッティンゲンからバスで30分ほどである。田園風景の中を延々と走っていると、マックスとモーリッツの看板が現れて、目的地が近いことを教えてくれる。小学校前のバス停に到着し、バス停前の案内

ヴィルヘルム・ブッシュ記念館

標識には、ヴィルヘルム・ブッシュ記念館は左、パン博物館は右とあった。

ヴィルヘルム・ブッシュ記念館の前では、マックスとモーリッツの人形が出迎えてくれる。絵本「マックスとモーリッツ」は、作者ヴィルヘルム・ブッシュが子供の頃に、粉屋の息子である親友と一緒に遊んだ思い出を描いている。その親友と一緒に遊んだ粉屋の水車小屋が記念館になっている。

水車小屋と言っても、製粉場と生活の場が同居した3階建ての家である。1階と2階は水車を利用した製粉場である。窓から外の水車の動きを眺めながら、水車と連結した大きな歯車が回転して石臼や篩などが動く様子を見ることができる。

製粉の道具以外に、日常生活の調度品や絵本の場面の絵画などが展示されていて、興味津々の楽しい博物館になっている。木と針金で手作りされたネズミ捕り器は、とても興味深い物だった。また、記念館には、日本語を始め世界の言語に翻訳された「マ

絵本の一場面

手作りのネズミ捕り器

記念館裏の水車

ックスとモーリッツ」の絵本が70冊ほど並んでいた。

ヨーロッパ・パン博物館は、展示館だけでなく広大な農園や芝生公園があり、子供連れの家族や老夫婦がゆっくり過ごせる場所になっている。

農園には、薬草・野菜・果物・穀物などが栽培されており、古代にパンを焼いたらしい土の窯も復元展示されていた。また、農園の所々に昔の農機具や作業車が置かれている一方、現在使用されている農作業機械を納めた納屋もあり、農作業の変遷を見ることもできる。

私たちが博物館に着いた時は昼休みで、展示館は2時まで閉まっていた。しかし、広い農園を見学しながら、展示館の開館まで退屈することなく待つことができた。

展示館には、パン文化の歴史を始め、製粉・製パンの歴史、世界の小麦やパンの種類など多くの展示品が並んでいる。ドイツでよく食べたブレッチェル（パン）の歴史、昔の混練機やオ

パン博物館の（右）看板と（左）農園

ーブンなど調理器具やパン屋で使う計量ばかりなどの展示もあり、妻は展示ケースの一つ一つを写真に収めていた。展示の中に大きな天秤のような物があり、「パン屋の洗礼」という拷問の道具であった。中世のドイツで、中身がスカスカな質の悪いパンを作るパン屋を、籠に閉じ込めて水に沈めて処罰した道具であった。

農園には、製粉に利用されていた200年前の風車が復元されており、実際に製粉作業が行われていた。風車の回転によって大きな木製の歯車が回転し、小麦が挽かれる様子がその場で見学できる。風の強さや方向は一定ではないが、羽根の大きさや向きを変えて、風車が一定の速さで回転するように工夫がされている。風が弱い時には羽根に布を張り付けるなどの工夫もされる。風車の上に登ることもでき、想像以上の高さ

展示品「パン屋の洗礼」

風車、左は内部の木製歯車

に驚くと共に、農園周辺の素晴らしい景色が眺められた。

　このパン博物館を見学したのは2018年であるが、1985年にも、ゲッティンゲンの近くでパン博物館を見学した。当時の写真にも「ヨーロッパ・パン博物館」と書かれており、よく似た展示品の写真も残っていた。しかし、当時のパン博物館には広大な農園はなかったので、両者が同じかどうか不明であった。そして今回、ネット検索で調べていたら謎が解明した。1985年に見学したパン博物館は、ゲッティンゲン南方の町モレンフェルデにあった博物館である。その博物館が2000年にエバーゲッツェンに移設され、広大な農園と共に再建されたのだった。33年の時を経て、新旧のパン博物館を見学していたことが分かった。

　ヴィルヘルム・ブッシュ記念館とパン博物館の間は、とても興味深い散歩道で結ばれていた。記念館で見た水車と博物館で見た風車のように、自然エネルギーの有効利用を促す散歩道である。道の脇に、水車と風車の歴史や仕組み、そして現代の水力発電と風力発電を説明した看板が立てられていた。散歩道を歩きながら、

水力・風力発電の説明看板

水車と風車の説明看板

再生可能エネルギーについて勉強できるようになっていて、改めてドイツの環境意識の高さに感心させられた。

魔女伝説のハルツ地方

メルヘン街道の東、旧東西ドイツの国境に近いハルツ地方の、ゴスラーとクラウスタールの町を1985年に訪ねた。ドイツ統一前の当時は、ハルツ地方の多くの街が旧東ドイツに属していたので、自由に観光することはできなかった。

ハルツ地方は、10世紀頃から鉱山の採掘で栄えた地域である。ゴスラーも16世紀頃には金・銀・銅など鉱山の採掘で栄えたが、20世紀中頃には資源が枯渇して鉱山の閉鎖が相次いだようだ。今は街の美しさと魔女伝説の観光地として人気があり、ユネスコの世界遺産にも登録されている。

ゴスラーの街の第一印象は質素な落ち着いた印象だった。街で見た多くの建物の壁や屋根が、灰色の石板（スレート）で覆われていたからである。旧市街には木組みの家並も多く見られ

ゴスラーの市庁舎

たが、壁や屋根には灰色の石板が張られていて、他の街のカラフルな木組みの家並とは異なる独特の雰囲気を持っていた。

マルクト広場の中央に噴水があり、この噴水を中心に放射状に敷石が並んでいる。広場の周囲を見渡すと、様々な建物が目を楽しませてくれる。白壁のアーケードが特徴的な市庁舎は15世紀創建である。市庁舎の向かいにある灰色の建物には仕掛け時計（グロッケンシュピール）があり、3時間おきに扉が開いて人形が動き出す。鉱山の町らしく、ツルハシを持った抗夫の人形が鐘に合わせて動き回る時計であった。

近くに、今はホテルになっているオレンジ色の建物（下の写真）があり、出窓や壁に素晴らしい装飾が施されていた。また、市庁舎の横に鉄仮面のような大きなオブジェを見つけた。何を意味するのか分からないが、現代アートのようなオブジェであるが、周りの歴史的な建物にも違和感なく溶け込んでいた。ネット情報によれば、このオブジェは今も健在のようである。

近郊の小高い丘に、11世紀に建てられた皇帝居城がある。宮殿

ホテルになっている建物

仕掛け時計（グロッケンシュピール）

前の広場には、中世の服装をして槍を持った案内人が立っていた。内部を見学した記憶は薄れているが、巨大な壁画の写真などが残っている。

ゴスラーの街で、もう一つ思い出すのが人形博物館である。当時の幼い我が子が、展示品を喜んで見ていたことが懐かしい。子供の手よりも小さく可愛い人形が、雛壇のような棚に飾られた展示窓が多数並んでいた。その展示窓が、子供の目線の高さに作られていて、我が子は展示窓に顔を押し付けるように人形を見ていた。大人は腰をかがめて見ることになるが、子供の目線の高さに合わせた展示窓が印象的だった。最近のネット情報によれば、今のゴスラーの町にも人形博物館と称する場所はあるようだが、我が子が喜んで見ていた当時の博物館と同じかどうかは確認できなかった。

鉄仮面のオブジェ

人形博物館の展示窓

ゴスラーの南にある小さな町クラウスタール（クラウスタール・ツェラーフェルト）、観光地ではないが、この町にある工科大学を訪ねる機会があった。この街で思い出すのが木造板張りの家並である。ドイツ各地の街では、木組みの家や石造りの家をよく目にしていたが、この街では少し様子が違っていた。街で目にする家の多くが木造板張りであり、街の教会も板張りの木造建築であった。日本では木造建築は珍しくないが、木組みや石造りの家を見慣れたドイツでは不思議な光景であった。

箒に乗った魔女人形のお土産を買って今も部屋に飾っているが、旧東西ドイツ国境に近い山岳地帯で魔女伝説が残るハルツ地方には、古い歴史を残す見応えのある街が点在している。しかし、多くは旧東ドイツの街であり、ドイツ統一後にはこの地方を訪ねていないので、他の街を訪問する機会は無かった。

板張りの教会

メルヘン街道北部の街

街道北部では、ハーメルンとブレーメンを訪ね、北東部に延びるエリカ街道のハノーファーとツェレにも立ち寄った。

「ハーメルンの笛吹き男」、1284年に街に大発生したネズミを、笛の音で川に溺れさせて退治した謎の笛吹き男がいた。彼は報酬の約束を破ったハーメルンの市民に腹を立て、再び笛を奏でて町の子供たちを連れ去り戻らなかった・・・という伝説である。1985年にハーメルンの街を訪ねた時、マルクト広場のテラスで「笛吹き男」の野外劇が演じられていた。日本では「ハーメルンの笛吹き男」だが、ドイツでは「ハーメルンのネズミ捕り男」と呼ばれている。ネズミに扮した子供たちとネズミ捕り男（笛吹き男）による寸劇であった。劇が終わると、笛吹き男を先頭に子供たちの行列が街中を行進する。その行列と一緒に歩いて街を見学した。

街には、ネズミ捕り男の像がある噴水やネズミ捕り男の家があって、街全体が「ネズミ捕り男」一色である。ハーメルンの街にも美しい木組みの家が並び、張り出し窓や荘厳な装飾のある石造りの家もあって、美しい街並であった。

ネズミ捕り男の像

ネズミ捕り男（笛吹き男）の野外劇

ハーメルンの北東、エリカ街道の南端に位置するハノーファー、ハノーファー大学を訪問した機会に街を散策した。大学は町の郊外にあり、近くにヘレンハウゼン王宮庭園がある。17世紀に造られたバロック様式の広大で優雅な庭園である。

街の中心部には、ハノーファーのシンボルでもある、宮殿のような荘厳な市庁舎が建っている。1913年に建てられたが、百周年を過ぎた今も現役で役割を果たしている。中心部の旧市街には大きな木組みの家やレンガ造りのマルクト教会があり、歴史のある大都会の素晴らしい街並を見ることができる。

ハノーファー市庁舎

ヘレンハウゼン王宮庭園

ハノーファーの北東にあるツェレ、小さな町であるが「北ドイツの真珠」と呼ばれ、ガイドブックには、童話の世界のような街であると書いてあった。木組みの家はどこの街でも見かけるが、ツェレの街に並ぶ木組みの家は少し雰囲気が違っている。赤や青、黄や緑の色が塗られ、細かい装飾もされていて、とてもカラフルで美しい木組みの家である。街で一番美しいと言われる「ホッペナーハウス」の前には、多くの人がカメラを持って並んでいた。旧市街のどの通りを歩いても美しい木組みの家々が並んでいて、街には約500軒の木組みの家があるようだ。

小さな真珠の街にも荘厳な城（宮殿）がある。白壁と茶色のレンガ屋根のコントラストが素晴らしい城である。この町を訪問した当時は知らなかったが、ルネッサンスとバロックの二つの様式が同居した貴重な城のようである。城の両側にある塔の形が異なっており、正面に向かって右がルネッサンス様式、左がバロック様式の塔になっている。

メルヘン街道の北の終点は、「ブレーメンの音楽隊」で有名なブレーメンである。マルクト広場に建つ荘厳な市庁舎（本章冒頭の写真）の横に、ロバと犬と猫とニワトリの音楽隊の像がひっそりと立っている。一方、広場の中央には、高さ10メートルほどの巨大な

ホッペナーハウス（ツェレ）

ツェレの城（宮殿）

ローラント像が堂々と立っており、市庁舎と共に世界遺産に登録されている。ローラント像は、市庁舎の横にある聖ペトリ大聖堂に対峙して立っており、自由都市ブレーメンを守っている。

音楽隊の像

マルクト広場の周辺には、カフェや土産物店など小さな商店が並ぶ細い通りが幾つもある。一番人気の通りは、入口に黄金のレリーフが飾られたベットヒャー通りで、コーヒー商人が中世の街並を再現するため自費で作った１００メートルほどの通りである。近くのシュノーア地区も似たような雰囲気の通りで、いずれも狭い小路を多くの人が行き交っていた。

また、広い商店街通りの真ん中にブタ飼いの像があった。ラッパを吹くブタ飼いの周りに数匹の豚がいる。昔この辺りでブタが放牧されていたらしいが、とても愉快なモニュメントで、

ローラント像

ベットヒャー通り

ブタ飼いの像

子供たちがブタの像にまたがって楽しんでいた。

北海の港町にある博物館

ブレーメンはハンブルクと共に大きな港町であると聞いていたが、町は北海から離れた内陸にあり、港町の雰囲気は全くなかった。一方、ブレーメンと共に一つの州を形成しているブレーマーハーフェンは北海の玄関口にあり、ヴェーザー川で結ばれた二つの町で港町の役割が成り立っていた。2018年に、ブレーマーハーフェンにあるドイツ船舶博物館（Uボート博物館）、ドイツ移民センター、そしてノルトホルツにあるツェッペリン博物館を見学した。

ブレーマーハーフェンの港（旧港）の近くには、北海沿岸で最も古い灯台があり今も稼働していた。日本で見かける白い灯台とは異なり、レンガ造りの茶色い重厚な灯台であった。また、旧港の近くには、古い水門や跳ね橋、昔の港湾作業に使われた貨車線路なども残されていた。

旧港の脇にドイツ船舶博物館があり、港に係留されている船も博物館の展示物であった。その一つが

最古の灯台

潜水艦（Uボート）をそのまま係留したUボート博物館である。潜水艦の船首と船尾に出入口があって、潜水艦の中を通り抜けて見学するようになっている。余談であるが、入口の受付で「レントナー？（年金受給者？）」と聞かれて、入館料に高齢者割引があることを知った。それ以降、博物館などでは高齢者割引の有無を確認するようにした。

初めて見る潜水艦の中、艦内にはベッド・食卓・トイレなどが完備されているものの、様々な配管や機械類がむき出しの状態で、通路は狭く頭をぶつけそうである。機関室・操縦室・船員室など一定の空間毎に隔壁があり、直径1メートルほどのハッチ扉を開けて通るようになっている。潜望鏡や魚雷室など、潜水艦の中は初めて目にする物ばかりで、Uボート博物館の見学はとても新鮮で興味深い体験であった。

ドイツ船舶博物館の本館を見学するため入館口へ行くと、館内改修工事のため閉館中との貼り紙があっ

Uボート博物館

隔壁のハッチ扉

た。この博物館を訪ねた目的は難破船（帆船）の復元展示であるが、貼り紙には難破船は見学可能で、別の入口から入館するように書かれていた。博物館は三つの建物に分かれていて、別の入口へ回ると難破船を展示した建物に入館できるようになっていた。600年以上前（ハンザ同盟時代）に難破した木造貨物船で、1960年代に発見されたようだ。大海原で難破した船体が見つかっただけでも信じられないが、その部品（木片）の大部分を回収して元の形に復元する作業は、想像するだけでも途方も無く信じられない思いだ。

難破船の復元展示

ブレーマーハーフェンのもう一つの博物館、ドイツ移民センターも旧港の近くにある。ドイツ（欧州）からアメリカ大陸への移民が盛んであった頃、ブレーマーハーフェンは代表的な移民港であったようで、その記録を残すために移民センターが建造された。私が小学生の頃、学校の近くにあった文房具店の一家がブラジルへ引越したと聞いた。その頃は移民という言葉を知らなかったが、後にブラジルへの移民であったことを知った。ドイツ移民センターで幼い頃の記憶が蘇ったが、この移民センターの展示内容は、もっと古い時代のようであった。

移民センターの見学では、入館者が移民者になって移民船に乗り込み、アメリカ大陸で生活を始めるまでの移民船の旅を体験するようになっていた。入館する際に、入場券として移民船に乗るためのボーディングパス（乗船券）が渡される。そのパスには、過去に移民した人の氏名が記されており、入館者一人一人が異なる移民者（自分と同性）の氏名を受け、その人物になって移民を体験するように工夫されていた。写真撮影禁止のため写真記録は残っていないが、大まかな移民体験の流れは次のようであった。

私が手にした移民者は、1854年生れで1872年に移民して1899年に没した男性だった。妻の移民者は、知的なイメージの女性で98歳まで生きられた人であった。まず初めに、壁一面に数百個の小さな引き出しが並んだ部屋に行き、自分（移民者）の戸籍簿が入った引き出しを探すのである。その戸籍簿で、各移民者の素性（移民前の職業や家族構成、移民先の都市や移民先での仕事など）を知り、その予備知識を持ってアメリカ大陸への船出である。

所々に音声ガイドのヘッドホンが設置されており、

移民センターのボーディングパス

ボーディングパス（ICカード）を近付けると音声ガイドが流れる。移民者の素性に応じてガイドの内容は異なるので、時々妻とICカードを交換して、別人の音声ガイドも聞いてみた。

館内には、移民船がブレーマーハーフェンを出港し、大西洋を横断してアメリカ大陸に到着するまでの様子が、実物大の模型で再現されている。移民船内は一等室から三等室に分かれており、一等室と三等室の環境は雲泥の差であった。三等室は船底に近い板張りの広い部屋で、多くの人が身体を寄せ合って乗船している。その様子がビデオ映像で映し出され、病を患った人の咳の音も生々しく再現されていた。一方、家族だけが同じ船室で過ごすことのできる一等室には、プールや娯楽室も付いていて、移民者の素性による大きな格差を体感できる。

移民船内の生活を再現した展示室を全て見学すると、移民船はアメリカ大陸に到着する。2階の展示室（船室）から階段（タラップ）を降りて1階に移動し、下船すると入国審査場である。ボーディングパスを見せて通過すると、目の前は新天地アメリカの街並に変わる。賑やかで華々しい商店街に立ち、チョコレートやチーズなどの食品、そして玩具や生活用品など様々

ドイツ移民センター

な商店が並んでいる。新しい地での生活の始まりに、気持ちが躍る雰囲気が醸し出されている。移民船に乗り込んで2時間ほどの見学コースであったが、ボーディングパスと音声ガイドによるユニークな見学に、時間を忘れて移民を体験させてもらった。

ブレーマーハーフェンには、気候をテーマにした博物館「クリマハウス」がある。巨大な船のような建物で、気候変動という地球規模の問題を誰もが共有するために、2009年に開館した博物館である。見学する機会は無かったが、この町がある東経8度を南下する旅の中で、様々な気候・自然・文化を体感できるようになっているようだ。

ブレーマーハーフェンの博物館の見学を終え、レストランのテラスで港の船を眺めながら食事をした。港町らしくメニューには魚介類が豊富で、鱈の焼き物、魚のマリネ、魚貝ス

クリマハウス

ブレーマーハーフェンの港

ープなど、ドイツでは珍しいシーフードが嬉しかった。1980年代に滞在していたシュトゥットガルトの常設市場（マルクトハレ）では、週に一日だけ鮮魚（生魚）が販売されており、その日は北海方面から生魚が直送されると聞いたことを思い出した。海から遠い中南部のドイツに親しんでいた私には、北海の港町は新鮮な街であった。

北海沿岸の飛行船博物館

ドイツ南端のボーデン湖畔（前述）で二つのツェッペリン博物館を見学したが、ドイツ北端にもツェッペリン博物館がある。その博物館を見学するため、北海沿岸の町ノルトホルツを訪ね、近くの港町クックスハーフェンにも立ち寄った。

ノルトホルツはブレーマーハーフェンから、一時間に一本の電車で40分ほどである。車窓の景色はほとんど同じで、牛を放牧した広大な草原の奥に風力発電機の風車が立ち並んでいる。

ノルトホルツの駅は無人駅で、改札の無いドイツ鉄道では列車を降りたら公道である。目的の博物館は駅から15分ほど歩くよ

車窓の景色（草原と風力発電機）

うだが、同じ方向に向かう人は誰もいなかった。寂しい田舎道を、スマホの地図を頼りに夫婦2人で歩き始めた。周りは林や畑の一本道で、妻は半信半疑の思いで、スマホを手に歩く私の後ろを付いて来る。畑で作業をしていた人に道を尋ねた。「ツェッペリン博物館は・・・」と尋ねると首を傾げられたので不安になった。しかし、「飛行機の展示がある・・・」と言葉を変えて尋ねると、「まだ先だけど、向こうに飛行機の基地があるよ。」と答えが返ってきたので歩みを進めた。

　しばらくして民家が並ぶ道に出たが、やはり人も車も少なく商店は閉まっていた。途中の民家で再び道を尋ねたら、「この先に信号があり、その角だよ。」と教えてくれた。正しい方向に向かっていることを確信できて、足取りも軽くなった。前方に信号が見え、その角に博物館の看板と飛行機の展示が見えて気持ちが楽になった。異国の寂しい田舎道の二人旅だったが、スマホ

博物館の看板と展示飛行機

人も車も少ない博物館までの道

のお陰で迷子になることなく目的地に着いた。

博物館の玄関口にはツェッペリン伯爵の像が立ち、ここにも飛行船を模した遊具があった。入り口で入館料とは別に写真撮影料（任意）を支払うと、撮影許可のシールを付けて遠慮なく写真撮影ができる。博物館の隣接地には空軍基地があり、この博物館には、主に軍用に使用された飛行船の歴史などが展示されていた。昔はこの地に軍用飛行船の製造工場があったようで、飛行船の製造に関する展示も多くあった。

この博物館の特徴は模型を使った展示が多いことである。頭上にある大きな飛行船の模型から、一人乗りの偵察用飛行船が綱でぶら下がっている様子は、初めて見る珍しい物であった。また、飛行船が浮上する際に、地上で百人ほどの人が綱を引張る様子の模型展示があり、大きな飛行船の下方で豆粒のような人の列が並んでいる様子に、飛行船の大きさを改めて実感できた。

博物館の屋外には隣接する空軍基地の広場があり、退役し

模型展示の様子（○は偵察用飛行船）

ツェッペリン伯爵の像

た軍用飛行機やヘリコプターが展示されていた。しかし、飛行船以外の見学はほどほどにして、さらに北へ足を延ばして港町クックスハーフェンに立ち寄ることにした。

我々がクックスハーフェンを訪問した時は駅舎の改修工事中で、観光案内所が閉鎖されていて街の情報を得られなかった。止む無く道路脇の立て看板の地図で港の方向を確認して歩き始めたが、ここでもスマホの地図が活躍してくれた。たまたま一緒に看板の地図を見ていた若い女性二人も港へ向かうようで、同じようにスマホを手に我々の後ろを歩いて来た。しばらく同じ道を歩いていたが、途中に跳ね橋があり、我々が渡り終えたら遮断機が下りて彼女たちは橋の手前で待つことになった。

跳ね橋が動くのを見るのは初めてで、興味津々で眺めていた。鉄道の踏切と同じように、警報機が鳴り遮断機が下りて橋の通行が遮断されると、橋が両側にゆっくりと跳ね上がる。橋が直立になって水路が開くと、一隻の船が通過した。船の通過後に橋が徐々に下がり始めて元の状態に戻ると、遮断機が上がって通行可能となる。しかし、跳ね橋の開閉には時間がかかり、それまで

跳ね橋

我々の後を歩いていた彼女たちと別れて港へ向かった。

クックスハーフェンの港に近付くと、係留されている大小多数の舟が目に入ってきた。予想以上に広大で歴史のありそうな港で、煉瓦造りの古い燈台や倉庫のような建物が点在していて、観光客や港の関係者など人の数も多かった。港付近には屋台も並んでいたが、ドイツで見慣れたソーセージの屋台ではなく、魚を挟んだパンなどシーフードが美味しそうに並んでいた。

海辺の埠頭には海を眺められる展望休憩所が設けられており、多くの人が大海原を眺めていた。大きな貨物船が往来すると、「〇〇の船が航行しています」と説明アナウンスがあり、我々も含めて皆さん飽きる様子もなく船の往来を眺めていた。中南部のドイツに親しんだ私にとって、ドイツで始めて見る大海原であった。

展望休憩所で船を眺める人々

ドイツの風車とお茶の文化

オランダに近い東フリースラント地方のノルデンの街に、お茶の博物館があることを知ったので出掛けた。

　ドイツでは一般にコーヒーが多く飲まれているが、東フリースラント地方だけは例外で、紅茶の消費量が圧倒的に多いようだ。英国では紅茶が好んで飲まれることは知っていたが、ドイツでは紅茶よりコーヒーであると思っていた。しかし、東フリースラント地方には、17世紀頃から英国・オランダを経て紅茶文化が定着したようである。この地方の紅茶の一人あたりの年間消費量は約300リットルで、ドイツ全体平均の十倍以上のようだ。英国でも200リットルに満たないようだから、ドイツの中でも異色の文化である。このドイツのお茶の文化は、ユネスコ無形文化遺産にも認定されている。

　ノルデンの駅に降り立って、まず目に飛び込んで来たのが風車の建物である。以前、オランダで見た風車と全く同じであった。また、街の商店街には花屋が数軒あって、オランダの街並のような雰囲気であった。

　風車の他にこの街で印象に残ったのは、赤煉瓦の建物が多く見られたことである。宿泊したホテルや食事をしたレストランも、赤煉瓦の大きな倉庫のような建

風車の建物

物だった。そんな赤煉瓦の建物を見ていて、愛知県半田市にある半田赤煉瓦建物を思い出した。1898年（明治31年）に、本格的なドイツビールを作るための製造工場として建てられたが、建物の基本設計はドイツの設計を参考にしてたと聞いていた。

明治時代には、日本でも赤煉瓦の建物が幾つも建てられたようだが、地震大国の日本とは違うドイツだから、多くの赤煉瓦の建物が今も街並に残されているのだろう。マルクト広場の近くにある「三姉妹の家」と呼ばれる、三つ並んだ赤煉瓦の建物は見事であった。歴史的には三つの建物は別の時期に建てられたようであるが、今も尚、三姉妹が揃って美しさを保っている。

近くには、13世紀に創建されたルードゥゲリ教会がある。東フリースラント地方では最大の教会であるが、ドイツでよく見

ルードゥゲリ教会（上は鐘塔）

三姉妹の家

る教会の姿とは少し異なっていた。教会には必ず鐘塔があるが、この教会の建物には塔が無く、道を隔てた場所に鐘塔だけが建っていた。海に近く地盤が柔らかいための対策のようである。また、この教会にあるパイプオルガンは、オルガン製作の巨匠が残した数少ない貴重なパイプオルガンであった。

お茶の博物館もマルクト広場の近くにあり、ノルデンの旧市庁舎の建物を利用していた。東フリースラント地方に紅茶文化が栄えた歴史的背景やこの地方の紅茶の淹れ方、世界各地のお茶の文化や茶道具の特徴など、お茶に関する様々な展示品が並んでいた。日本の茶道文化と茶室や茶道具も展示されている。旧市庁舎の議会場であったと思われる広い部屋には、当時のアンティークな食器棚が幾つも置かれて、その中には伝統的な食器類が飾られていた。団体客が見学する際には、この部屋のテーブルで紅茶を飲むこともできるようだ。

お茶の博物館

この地方には「三時のお茶」の習慣があり、お茶を楽しむ（飲む）のを「ティーセレモニー」と呼ぶ。博物館でもティーセレモニーが開催されており、時間と人数が限られているため事前予約が必要であるが、幸いにティーセレモニーに参加できた。台所設備がある部屋で20人ほどを対象に、紅茶の淹れ方や飲み方を実演しながら説明してくれる。説明者は我々日本人の顔を見て、「申し訳ないが英語の説明はできません。」と断ってドイツ語で説明された。しかし、隣に座っていた女性が英語で通訳してくれたので助かった。

熱いお湯でポット（急須）を温めてから、茶葉を入れてお湯を少し注ぐ。しばらくして再びお湯を注いでから、保温器の上にポットを置いておく。ティーカップに氷砂糖（クルンチェ）を入れて紅茶を注ぐ。その時に氷砂糖がカチッと音を立てるらしいが、分からなかった。ティースプーンにクリームを入れて、カップの内側に沿わせるように静かに注ぎ入れる。スプーンで混ぜることはせず、お茶の中に雲のように浮き上がるクリームを見て楽しむ。雲の動きが収まったら紅茶を飲むが、飲む時にも紅茶をかき混ぜることはしない。飲み初めは紅茶そのものを味わい、次第にクリームの味が加わり、最後に砂糖が溶けた甘いお茶を味わう。一杯目を飲み干しても氷砂糖は残っており、お代わりの二杯目は、そのままのカップで同じことを繰り返す。飲み

ティーセレモニーの部屋

干したカップに氷砂糖が残っていると、二杯三杯と飲みたくなるから不思議である。充分にお茶を味わったらスプーンをカップの中に入れて、終わり（もう要りません）の合図である。

ティーセレモニーは30分ほどで終わり、展示室の見学を続けたが、旧市庁舎の広い博物館を足が棒になるほど見学した。博物館の見学を終え、近くのカフェで紅茶を注文して、ティーセレモニーで教わった飲み方を復習したのだった。紅茶は可愛いポットに入れて、キャンドルが灯された保温器の上に乗せられている。ティーカップなどの食器類には、東フリースラント地方独特の絵柄（バラ）が描かれている。

街のカフェでの紅茶

ノルデンの街を訪ねた目的はお茶博物館の見学であるが、ノルデン駅の近くで鉄道博物館を見つけた。しかし、日曜日のみの開館で、我々がこの街を訪問した日には残念ながら閉館していた。窓から博物館の中を眺めると、鉄道車両や鉄道関連の展示物が並んでおり、博物館の外には線路があり信号機や遮断機も設置されていて、興味深い博物館のようであった。

ルール地方と周辺の街

ツォルフェライン炭鉱跡（エッセン）

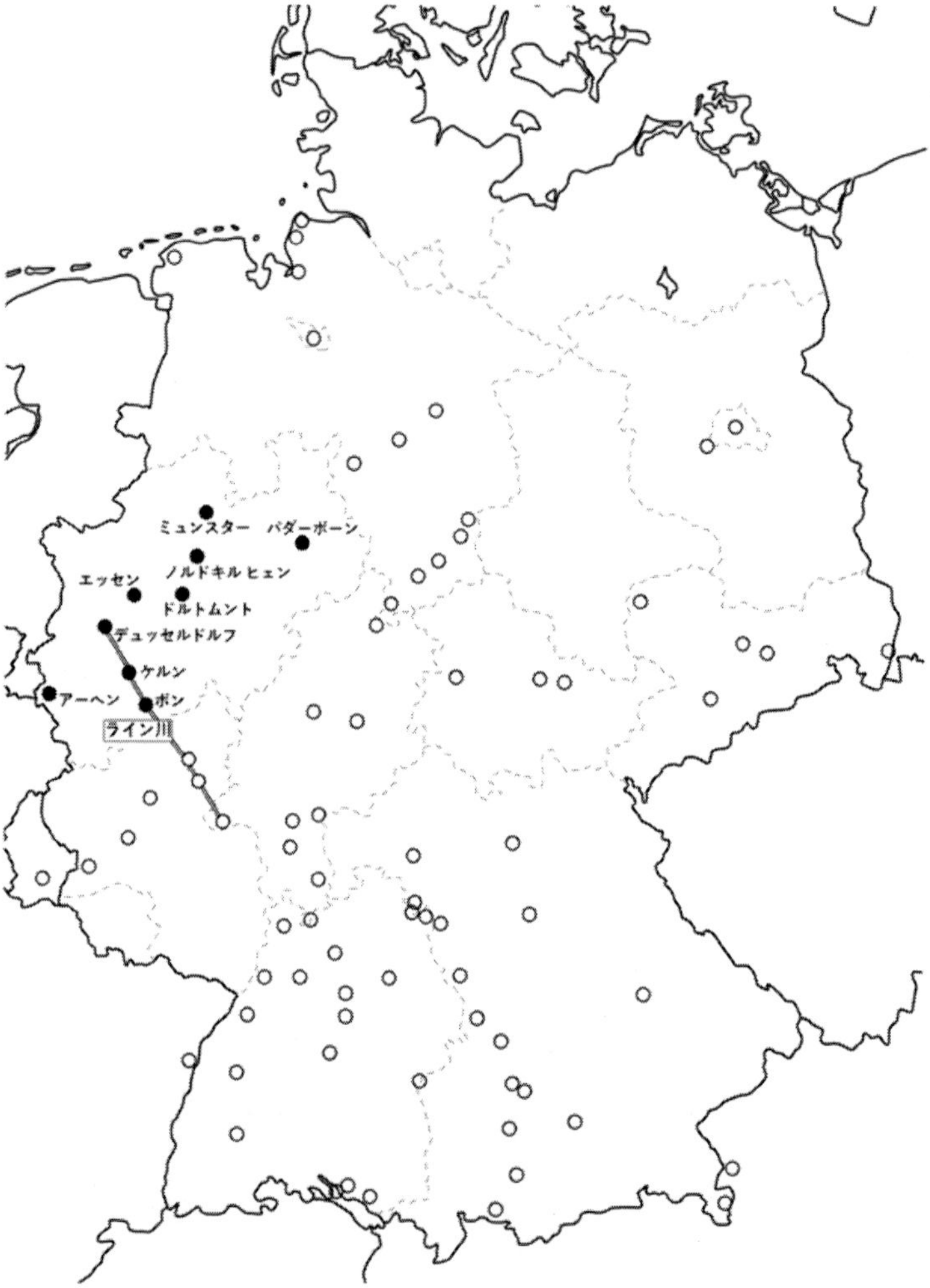
ミュンスター
パダーボーン
ノルドキルヒェン
エッセン
ドルトムント
デュッセルドルフ
ケルン
アーヘン
ボン
ライン川

社会科の授業で習ったルール工業地帯、２０１８年に、ルール地方の町ドルトムントに滞在する機会を得た。ルール地方は19世紀半ばから鉄鋼業と炭鉱で栄えたが、20世紀には炭鉱の多くが閉鉱された。今のルール地方には、昔の繁栄を物語る鉱工業の跡地が多数ある一方、新たなハイテク産業（ＩＴ産業）の地として生まれ変わろうとしている。ルール地方周辺の街とライン川流域の街、そしてドイツ西端の街も訪ねた。

ビールとサッカーのドルトムント

ドルトムント市内を周遊する観光ツアーに参加すると、観光名所と共に製鉄所など工場跡地の見学もあり、かつての工業用地跡が緑地公園や公共施設に変わっていることが分かる。市内の大きな湖（フェニックス湖）が、かつての製鉄所の跡地を再開発した人口湖だと聞いて驚いた。そして、今なお郊外の工場跡地では再開発の工事が進められていた。

鉱工業と共に、ドルトムントの伝統的産業の一つが醸造業で、ミュンヘンと並ぶビールの街としても有名であった。しか

ビール樽を抱えたモニュメント

し、鉱工業と同様にビール工場も統廃合されて、今ではドルトムントの地ビールは一社のみになった。街では、かつてのビール工場がショッピングモールに変わったとか、あの建物はかつてビール醸造所であったと聞くことも少なくなかった。市内の公園には、ビール樽を抱えた男のモニュメントが寂しそうに立っていた。この地方の鉱工業を支えた労働者の汗を思うと、地ビール産業が発展したことも納得できる。

中世にはハンザ同盟都市として栄えたドルトムント、その頃に市街を囲っていた城壁が自動車道に姿を変えたようで、直径1キロほどの環状自動車道が旧市街を囲んでいる。環状自動車道の内側の多くは歩行者専用道になっていて、デパートやスーパー、飲食店などが軒を連ねている。その中心はやはりマルクト広場で、飲食店のテラス席が並んでいて、買い物帰りに食事や休憩をする絶好の場所であった。広場の中央には噴水があり、羽根の生えたサイの置物があった。このサイはドルトムントのマスコットのようで、街中いたる所で見かけた。

ドルトムントと聞いて、多くの人が思い浮かべるのはサッカーで

ドルトムントの中心街(マルクト広場)

あろう。中央駅の正面に、2015年にオープンしたドイツ・サッカー博物館がある。博物館前の広場には、ドイツの国旗に因んで赤・黄・黒の布地を使った椅子（デッキチェア）と、サッカー場を模した小さいテーブルが置いてあった。

博物館では映像を駆使した展示で、ユニフォームやトロフィーなど様々なサッカーの歴史を学ぶことができる。2002年のサッカー・ワールドカップ日韓大会では、ドイツとブラジルが対戦した決勝戦をテレビで観戦していた。その時にドイツのゴールキーパーだったオリバー・カーン選手の活躍を鮮明に覚えていたので、関連する展示を見つけて懐かしく見入っていた。

日韓大会ではドイツは準優勝だったが、ドイツ（旧西ドイツ）がワールドカップで何度も優勝した歴史や、その時代のドイツ社会の様子が写真や映像を使って細かく説明されている。1974年にハンブルクで開催されたワールドカップでは、当時の東ドイツ（DDR）と西ドイツ（BRD）が対戦して、1対0で東ドイツが勝利した。その時のフラッグ（エンブレム）が展示されており、

博物館前の広場にて

ドイツ・サッカー博物館

初めて知るドイツサッカーの歴史であった。

　この広い博物館の展示品を見て、ドイツ人にとってサッカーは無くてはならない娯楽であり文化であることを改めて理解した。博物館の一階には、人工芝の小さなサッカーコートが常設されていて、博物館の見学とは別に、子供たちがサッカーを楽しむことができるようになっていた。

　サッカー博物館を見ただけでも、ドイツでのサッカー人気の凄さを知ることはできるが、その熱狂を肌で感じるため、ボルシア・ドルトムントのホームスタジアム、ジグナル・イドゥナ・パルクで試合を観戦することにした。リーグ戦の試合をタイミング良く観戦することはできなかったが、ボルシア・ドルトムントの引退選手の壮行試合を観戦することができた。

　日本ではプロ野球を観戦したことはあるものの、サッカーを観戦したことは無いので比較できないが、八万人収容のスタジアムの大きさには圧倒された。かつてドルトムントで活躍した香川真司選手は、八万を超える観衆が送る大声援に感激し

オリバー・カーンの展示

東西ドイツ対戦のフラッグ

て、ドイツリーグへの加入を希望したと聞いたことがある。

広いスタジアム内で、入場券に書かれた番号の席へたどり着くまでも一苦労である。徐々に観客が集まって来て八万人収容の観覧席が満席になり、ボルシア・ドルトムントのチームカラーである黄色で埋まっている様子は壮大であった。我々の席は中段の位置であったが、サッカーコートの選手たちは豆粒のようであり、ゴールやファインプレーの際の観客の拍手もすごい迫力であった。

観客の数に圧倒され、試合終了後にこれだけの観客が一斉に退席することを想像したら、試合を最後まで観戦するのが怖くなった。そこでハーフタイムの休憩時間に席を立って、サッカー観戦を中断して帰路につくことにした。ハーフタイムの売店やトイレの前は長蛇の列で、後半の試合が始まったフィールドを横目に、スタジアムの外に出ると既に日が落ちていた。日本では経験が無かったサッカー観戦を、ドイツ

サッカースタジアムの（上）外部と（下）内部

の本場で経験できたのも外国滞在の醍醐味である。

ドルトムントの博物館

中央駅の近くで、大きなU字の尖塔を掲げた建物「Uタワー」が町のランドマークになっている。1920年代に建てられたドルトムント最初の高層ビルで、当時はビール醸造所の建物であったようだ。建物としては古いようだが、2008年以降に文化・芸術の拠点として再開発されて、美術館（オストヴァル美術館）に生まれ変わった。

この美術館には近現代の芸術作品が展示されており、デジタル時代の芸術を思わせるような展示が見られた。例えば、エスカレータの踏段ステップが

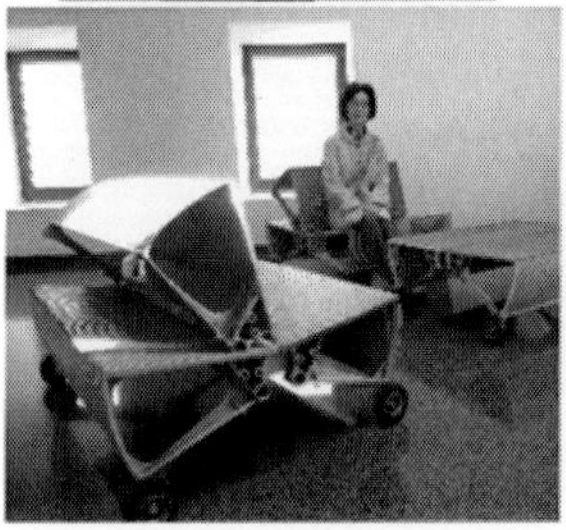

美術館の展示品

ドルトムントのUタワー

椅子やテーブルに変身しており（前ページの写真下）、パンと生クリームが蜂の巣を作っていた（写真上）。また、大きなレゴブロックの作品や、自由に絵を描くことができる壁の部屋があり、廊下の壁にも落書きのような絵図があった。

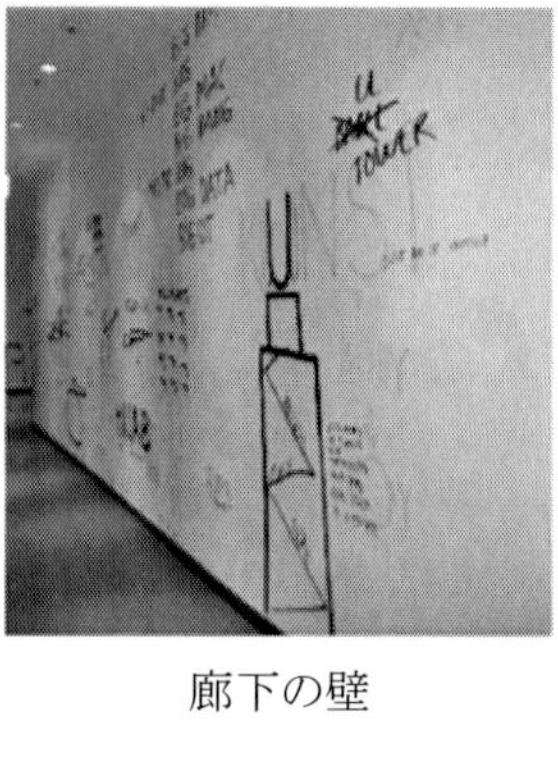

廊下の壁

ドルトムント工科大学の近くで、「DASA」と書かれた看板を見かけたので足を運んだ。「DASA（ダーサ）」とは「Deutschen Arbeitsschutz-ausstellung（ドイツ労働安全衛生展示会）」の意味であり、労働安全衛生研究所が運営している労働博物館であった。様々な労働（職業）に関する過去・現在・未来に焦点を当てた博物館である。

ガラス張りの建物の前には、「DASA」の基本理念はMensch（人）・Arbeit（仕事）・Technik（技術）であると書かれていた。サッカー場二つほどの広い展示館には、あらゆる職業を対象とした展示コーナーがある。昔の電話機・時計・電卓・タイプライター・コンピュータなど、様々な事務機器も展示されていた。「そうそう、昔こんな電話機あったね。」などと言いながら、懐かしい事務機器や電気器具の変遷を楽しんだ。

時計のコーナーには、昔のタイムレコーダー（勤務時間を管理する記録器）があり、ＩＴ技術の進歩で使わなくなった機器も印象的であった。印刷機や織機のコーナーには、昔の手動機械から最新の自動機械までの進化の過程が展示されている。炭鉱や土木のコーナーでは作業員の安全具や保護具の展示、人に代わって作業するロボットの展示もあった。

館内では展示だけでなく、マルチメディアや機械の模型を利用して、労働を体験できるようにもなっている。輸送産業のコーナーでは、フライトシミュレーターを操縦することができ、土木・建築のコーナーでは、建築現場が再現されて土木重機（フォークリフトなど）の実物に触れることもできる。子供が操作できる小型の土木重機もあり、子供から大人まで、様々な労働を楽しく体験できるようになっている。

ドルトムント市内を走っていた路面電車や、製鉄所で30年間使われていた溶解炉や圧延機なども、ドーム球場のような屋内展示室に展示されていた。ドイツで最も大きなモノ作り博物館で、あらゆる労働（仕事）の歴史を知ることができる。20世紀までドイ

建築現場と土木重機

製鉄所で使われていた溶解炉

ツの産業を支えてきたルール地方の歴史を、目に見える形で残そうとする博物館で、とても興味深い場所であった。

小前氏の著書で、ドルトムントに料理本博物館があることを知り、博物館がある緑地公園ウエスト・ファーレン・パークを訪ねた。芝生公園・お花畑・池・林・展望タワー・テーマ館・イベント会場などがある広大な公園である。植物園には様々な花が咲き誇り、芝生公園にはフリーマーケットのテントが並んでいて、多くの家族連れで賑わっていた。広い園内を散策しながら、妻が楽しみにしていた料理本博物館を探したが、それらしい建物は見つからなかった。何人かに尋ねてみたが、博物館の名前すら知らない人が多く、キツネにつままれたような思いだった。そして一人の男性が、「以前はここにあったが閉館して市内に移転した。」と教えてくれた。

残念ながら、料理本博物館は2010年末に閉館されていた。この博物館には料理本だけでなく、調理器具などの展示もあっ

ウエスト・ファーレン・パーク

たようだ。閉館後は、料理本は市街の図書館に移されて閲覧できるようだが、調理器具などはどこにも再展示されていないようだ。

料理本博物館は見学できなかったが、小前氏の著書に紹介されている、石焼き窯のパン屋は健在であった。公園を訪ねた目的は達成できなかったが、石焼き窯のパンを買って食べ、公園の花壇やフリーマーケットを楽しんだ。

ドルトムントで見逃した博物館がもう一つある。薬局博物館である。街を歩いていて商店街の一角に薬局博物館の看板を見つけた。薬剤師として働いたことがある妻は、看板に興味を持って足を止めたが、残念ながら入り口は閉まっていた。後日に立ち寄った時も閉まっていて、開館日が分からなかったので諦めた。

石焼き窯のパン屋

ルール地方北部の街

ルール地方北部では、ミュンスター、ノルドキルヒェン、パーダーボルンの街を訪ねた。ドルトムントの北にあるミュンスター、街の中心には切妻屋根とゴシック風のアーケードが特徴的な市庁舎があり、付近にも、様々なファサードの切妻建築の家が軒を連ねている。市庁舎の「平和の間」は、三十年戦争を終結させたヴェストファーレン条約が結ばれた場所で、壁の彫刻や装飾が素晴らしかった。

２０１８年９月にこの街を訪ねた時には、通りに万国旗のような三角旗が飾られていた。毎年９月にミュンスター・マラソンが開催されており、翌週のマラソン開催の準備がされていたのだった。

市庁舎と共に観光名所となっているのが大聖堂である。13世紀に築かれたままの姿で、立派な祭壇やパイプオルガン、ステンドグラスがある、荘厳な大聖堂であった。祭壇の近くにある天文時計は16世紀中頃に再建されたようだが、技術的にも芸術的にも貴重なもので、時計の前では見学者が並んで順番待ちしていた。天文時計の仕組みは知らないが、幾つかの円盤や太陽の印が付いた時針が動いて時を刻んでいた。

ミュンスターを初めて訪問した１９８４年には、ミュンスター大

ミュンスター大聖堂

ミュンスター市庁舎

学を訪ねた。大学は中世の宮殿（ミュンスター城）を利用しており、その城を居城としていたドイツ皇帝ヴィルヘルム二世に因んで、大学の正式名称はヴェストファーレン・ヴィルヘルム大学である。かつての宮殿の庭園が植物園として利用されており、シュトゥットガルト郊外にあったホーエンハイム大学と似ている。現在は約4万人の学生が在籍し、15の学部に130の学科がある、ドイツでも大きな総合大学の一つである。

この町を訪問した時のアルバムに、並木道が続くプロムナードの美しい写真が残っている。その写真をよく見ると、広い道なのに自動車の通行は見当たらず、自転車専用道路のようである。かつて街の城壁があった場所を利用して、旧市街を囲むように緑化ゾーンとプロムナードが整備され、歩行者と自転車だけの道路になっているようだ。しかも、歩行者道と自転車道も分けられているので、自転車は、自動車も歩行者も気にすることなく走ることができる。

大聖堂の天文時計

並木道が続くプロムナード

ドイツの他の街でも、整備された自転車専用道を見かけたが、歩行者・自転車・自動車を明確に分離したインフラの整備には感嘆した。ミュンスター市の情報によれば、人口30万人のこの町に約50万台の自転車があるようで、ドイツの都市の中で最も自転車交通比率が高く、ミュンスターは自転車都市としても有名であるようだ。

ドルトムントとミュンスターの間に、小さな町ノルドキルヒェンがある。その町に、「ウェストファーレン（州）のヴェルサイユ」と呼ばれるノルドキルヒェン城（宮殿）がある。交通の便が良くない田舎町であるためか、日本のガイドブックには紹介されていないが、ドルトムントの知人の案内でこの美しい城を見学した。

田園地帯の陸の孤島のような場所に、荘厳な宮殿と広大な庭園が現れる。フランス・ヴェルサイユ宮殿より1世紀ほど後の、18世紀初頭に建てられた宮殿である。堀のような広い水路に囲まれて建っており、オランダの水上の城の影響を受けているとも言われる。

宮殿の一部は大学として使用されているが、他の部分は見学可能

ノルドキルヒェン城の宮殿と庭園

で、レストランやコンサートホールもあり、パーティーや会議室としても利用されているようだ。宮殿の礼拝堂で結婚式を終えたカップルが中庭で写真撮影していたが、その礼拝堂には「1710」の文字が刻まれた時計があり、300年前の宮殿建設当時のまま時を刻んでいるようだ。宮殿の外にはヴェルサイユ宮殿と同じように広大な庭園があり、田園地帯の孤島で見た素晴らしい城（宮殿）であった。

ドルトムントの東にあるパーダーボルンを1985年に訪ねた。観光地ではないが、パーダーボルン大学を訪問する機会があった。この大学は1972年に創設された新しい大学だが、1614年にはこの町にヴェストファーレン大学が設立されていたようで、市のホームページには「大学都市パーダーボルン」と紹介されている。小さな町であるが、大聖堂や市庁舎の建物は見応えがあった。

町の名称パーダーボルンは、町を流れるパーダー川(Pader)の水源(Born)を意味している。当時街を歩いていて、パーダー(Pader)を説明した看板を見つけた。この付近では大量の水が湧き出て、その湧水でパーダー川

パーダーボルン市庁舎

ができているようであり、看板には6カ所の湧水源（Pader）があると書かれている。パーダーボルン市では、1200年の町の歴史を形作ってきた地下水と湧水資源の遺産（水車や水路など）を、ヨーロッパの文化遺産として残すプロジェクトを進めているようである。

ルール工業地帯の博物館

ドルトムントの西の町エッセンには、かつてのルール工業地帯の繁栄を物語る鉱工業の遺産、ツォルフェライン（ツォルフェアアイン）炭鉱跡がある。欧州最大でルール地方で最も美しい炭鉱と言われたツォルフェライン炭鉱は、1986年に操業を終了した。その際に州政府が、炭鉱跡地を文化的資源として遺産化するプロジェクトを始めた。

ルール地方は煙突が林立する地域という先入観を

ルール博物館の竪抗櫓

「パーダー」の看板

払拭して、文化的な新しいイメージを作り出す試みだった。そして、2001年にユネスコの世界遺産に登録され、2010年にはルール地域が欧州文化首都に選定された。膨大な広さと高さを有するツォルフェライン炭鉱跡（本章冒頭の写真）、今はルール博物館としてランドマークになっている。ルール地方の歴史を博物館として遺産化するプロジェクトは、10年を要したようである。その現地を訪ねて壮大な事業であったことが分かり、ルール工業地帯の産業遺産の継承に対する並々ならぬ思いが感じられた。

ドルトムントから鉄道でエッセンに行き、トラム（路面電車）に乗り継いで市の中心部から5キロほど行くと、博物館（炭鉱跡）の竪坑櫓が目に飛び込んできた。博物館の入り口（受付）は地上24メートルの5階にあり、長いエスカレータで登るが、このエスカレータは、かつて選炭工場に石炭を運んでいたコンベアーであった。

選炭工場跡の5階が博物館の受付ロビーになっている。当時の工場設備がそのまま残された黒いフロアに、博物館の受付窓口の他、ミュージアムショップやカフェがある。広い博物館（工場跡）の中

選炭工場跡の見学の様子

博物館受付へのエスカレータ

は自由に見て回ることも可能であったが、我々はガイドツアーに参加した。

かつて選炭工場であった建物を上ったり下りたりの見学ツアーで、石炭トロッコなど、操業当時のまま残されている工場内を移動して説明を聞いた。黒い機械装置に白地のアニメーション映像を映すなど、先端技術を駆使して産業遺産を分かり易く説明するように工夫されていた。炭鉱夫が使っていた工具の展示では、工具を持ち上げて重さを体感できる。見学ツアーの最後には、建物の屋上（地上45メートル）まで階段を上ることになった。高齢者にはきつい階段であったが、屋上からの展望は素晴らしく、炭鉱跡地の広さと高さを実感できる場所でもあった。

見学したのは「第12抗」と呼ばれる炭鉱跡地の一角であるが、案内者から「あちらに見えるコークス工場跡も世界遺産に登録されており見学可能です。」と説明された。しかし、隣の町まで歩くような景色だったので、コークス工場跡の見学は諦めた。ガイドツアーが終わり再び5階の受付フロアに戻って、黒い機械に囲ま

屋上から見た竪坑櫓

装置に映したアニメーション

れたカフェで、産業遺産を間近に感じながら休憩したのだった。

この炭鉱跡を訪ねたのは、正面に建っている竪抗櫓（187ページの写真）をガイドブックで見た時に、33年前の記憶が蘇ったからである。1985年のドイツ滞在時に、勤務していた研究所の合宿旅行でルール地方を訪問した。その際によく似た竪抗櫓を見たが、どの都市で見たのか記録が残っていないので、ツォルフェライン炭鉱跡の竪抗櫓を見た時に、33年前の櫓だと思い込んでしまった。しかし現地に来てみると、櫓や建物が写真と異なっていた。しかも、ツォルフェライン炭鉱は1985年には操業しており、33年前の炭鉱跡ではないことが分かった。

その後ネット検索で調べた結果、33年前の写真にある竪坑櫓は、ドルトムントとエッセンの間にあるボーフムの炭鉱跡であることが分かった。ボーフムの炭鉱跡は、1930年に「ドイツ鉱山博物館」として生まれ変わったのだった。この博物館では、石炭を採掘する地下の坑道も見学でき、当時の写真にも、坑道の中を見学して

産業遺産に囲まれたカフェ

1985年に見た竪抗櫓

いる様子が写っていた。ルール工業地帯には廃坑を利用した博物館が他にもあり、かつての工業地帯の繁栄を残す遺産が各地に点在しているようだ。

小前氏の著書には、エッセンの町に「縁日&香具師博物館」があると紹介されている。ドイツでは常設の遊園地は少なく、子供たちが楽しむ遊園地のほとんどが移動遊園地（キルメス）であるが、その移動遊園地の回転木馬などの遊具を展示した博物館である。しかし、この博物館は一般公開されておらず、事前の予約が必要であったので見学は諦めた。

坑道の見学（1985 年）

ネット情報によれば、個人所有の博物館でオーナー自身が香具師（やし）で、40年以上かけて収集した遊具や自動演奏のオルガンなどが動く状態で展示されているようだ。この博物館は1982年に創設され、1996年には閉鎖された炭鉱の工場ホールに移転されたようだ。しかし、2011年にオーナーが亡くなって以降は博物館の維持が難しくなり、2021年に閉鎖されて、現在はホームページのみが残されている。小前氏の著書にも遊具の写真が載っているが、残されているホームページを見ているだけでも楽しくなる博物館であり、閉鎖されたのは残念である。

ライン川流域の街

ルール地方の南、ライン川流域のボン、ケルン、デュッセルドルフを1985年に訪ねた。ドイツ統一前の旧西ドイツの首都ボン、当時お世話になっていたフンボルト奨学財団のレセプションが、ボンの大統領公邸（ヴィラ・ハマーシュミット）で開催された。この公邸はライン川に面した庭園を持つ白い宮殿で、ライン川のホワイトハウスと称されていた。首都がベルリンに移った今も、ボンの大統領公邸として利用されている。近くにはライン川クルーズ船の発着所があり、初めてクルーズ船に乗船したのもこの時である。

ボンは大学町でもあり、ボン大学（正式名称はライン・フリードリヒ・ヴィルヘルム大学ボン）も見学した。ミュンスター大学と同じく中世の宮殿を利用した大学で、キャンパスにある荘厳な建物と広大な庭園も印象的だった。

ボンはベートーベン縁の町である。旧市街のミ

ボンの大統領公邸

ボン大学

ュンスター広場にベートーベンの像があり、近くにベートーベンの家（生家）もある。ボンは小さな町であるが見どころが凝縮されている。

ボンの北、ケルンとデュッセルドルフは日本人に馴染みの深い大都市であるが、街中をゆっくり観光する機会はあまり無かった。

ケルンのシンボルである大聖堂は、600年を要して完成したゴシック建築の教会で、高さ157メートルの2本の塔を下から見上げるとさすがに迫力があった。ウルムなどドイツ各地で大聖堂を目にしたが、世界的に有名なケルン大聖堂はさすがに見応えがある。鮮やかなステンドグラスの写真がアルバムに残っているが、バイエルン王ルートヴィヒ一世が奉納した、「バイエルンの窓」と呼ばれているステンドグラスだった。

デュッセルドルフはルール地方の交通拠点であり、

ケルン大聖堂

ベートーベンの像と（左）生家

多くの日系企業の欧州拠点でもある。空港は幾度か利用したものの、市街を歩いたのは一度だけで、街のレストランなどで日本語が目に付いたのを覚えている。また、マルクト広場にある荘厳な市庁舎とヤン・ヴェレム（ヨハン・ヴィルヘルム二世）の騎馬像の写真も残っていた。

ドイツ西端の街

ベルギーとの国境に近く、ドイツの西端に位置するアーヘンは何度か訪問した。40年前に初めて訪問した時には、歴史の重みを感じる大聖堂や市庁舎の建物に圧倒された。アーヘン大聖堂は、8世紀に建設が進められた北部ヨーロッパで最古のもので、1978年に世界遺産第一号に登録された由緒ある大聖堂である。

大聖堂の向かい側に城のような市庁舎がある。市庁舎の反対側に回るとマルクト広場があるが、マルクト広場側と

デュッセルドルフ市庁舎と騎馬像

アーヘン大聖堂

大聖堂側では市庁舎の顔が全く異なる。

ビール祭りなどのイベントがある際には、市庁舎前の広場は遊園地に早変わりし、大きな移動観覧車が設置されて、周りには屋台テントが並ぶ。荘厳な市庁舎と観覧車が調和して、不思議なお祭り風景に興味を持った。

街の名称アーヘンの語源「アーハ」は「水」の意味を持ち、ラテン語の「鉱泉」に由来するようである。国際会議に参加した際、会議場の近くに温泉施設（カロルス・テルメン）があり、この町がローマ帝国時代から温泉保養地として発展してきたことを知った。

街には幾つもの噴水がある。大聖堂の近くにある「人形の噴水」には、人や動物の形をした金属の人形が取付けられており、人形の関節を自由に動かせるので、大人も子供も人形を動かか

アーヘン市庁舎、（左＆上）マルクト広場側、（右）大聖堂側

して楽しんでいた。

近くの公園にある小さな池の周りに、印象的なポーズで表情豊かな6体の銅像が立っている。ゲルトブルネン（お金の泉・通称）と呼ばれる池で、どん欲な人、裕福な人、物乞いする人など、お金の循環を表現する銅像のようである。この泉は今も老若男女に人気があり、街の待ち合わせ場所としても有名らしい。

アーヘンの街中には幾つもの銅像が立てられており、ウインドーショッピングと共に、愉快な銅像を見て歩くのも楽しい観光であった。

傘をさす婦人の銅像

ゲルトブルネン（通称）

人形の噴水

付録　街角で見つけたドイツ

バス停のボタンスイッチ

2018年にゲッティンゲン駅前のバス停で、行き先表示のポールに黄色のボタンスイッチを見つけた。横断歩道の信号機に付いているボタンスイッチと似ているが、バス停のポールで見るのは初めてなのでボタンを押してみた。ポールの上方から、次に到着するバスの行き先案内のアナウンスが流れ、視覚障害者（高齢者？）にバスの案内をするボタンスイッチだと分かった。日本では見かけたことがなかったバス停の押しボタンだった。

バス停の行き先表示

商店街に自動車学校

ドイツの街を歩いていて、商店街に「自動車学校」と表示された建物を見ることがあった。商店街に自動車学校とは信じられなかったが、看板には確かに「Fahrschule（自動車学校）」と書かれている。建物の中には教室のような部屋が見えたので、建物の奥に教習コースがあるのかな・・・と思いながら眺めていた。しかし、ドイツの自動車学校には教習コースは無く、学科講習が終了するとすぐに路上教習が始まるのであった。ドイツの自動車学校には運転講習のコースは必要ないので、商店街の一角に自動車学校があるのだった。

自動車学校の玄関

ドイツの二宮金次郎

ミュンスターの街のカフェで休憩している時に、小さい頃に小学校で見た二宮金次郎の像を思い出させる銅像を見つけた。キーペンカールと呼ばれる記念碑で、中世の頃、ドイツ北部を中心に巡回していた行商人の像であった。行商人は、農村部から卵・乳製品・家禽などの食料を都市に運び、塩や他の商品あるいはニュースを農村部に供給していた。このキーペンカールの記念碑は、ミュンスターに限らず、ドイツ内に幾つか建てられているようである。

キーペンカールの記念碑

路上に並ぶ遊具

幼い子供を同伴して1980年代に暮らしたシュトゥットガルトで、懐かしく思い出すのは商店街通りでよく遊んだ木馬の遊具である。歩行者天国の通りに大小幾つもの木馬があって、我が子が喜んで遊んでいた。2017年にシュトゥットガルトを訪問した時にも、同じ場所に同じ木馬の遊具があるのを見て感激した。

2018年には北海沿岸のノルデンの商店街通りで、馬か鳥か可愛い遊具があるのを見つけた。子供たちが遊具に乗って楽しんでいるのを見て、34年前の我が子のことを思い出していた。

シュトゥットガルト(1984年)

ノルデン(2018年)

路上の衣装ケース

２０１８年にドルトムントの住宅街で、路上の片隅にドラム缶のような容器が置かれていた。容器には「Kleider（服）」「Schuhe（靴）」「Spende（寄付）」などと書かれており、ポストのような投入口がある。今は使われていないようであったが、不要になった服や靴を回収する容器のようであった。

そして、スーパーマーケットの入口付近にも、同様の文字が書かれた箱が置かれていた。その箱には「包装された衣類のみを投入してください」とも書かれていた。この箱は利用されているようだったが、使用しない衣服などを回収して、必要とする人に回すシステムのようである。

スーパーの箱

路上の容器

学生食堂に子供椅子

2018年に、ドルトムント工科大学の学生食堂で可愛い子供用の椅子を見つけた。日本でも、街のレストランには子供用の椅子が置かれているが、大学の食堂で見たことはなかった。椅子を利用する子供は見なかったが、幼い子どもを連れて大学のキャンパスを歩いている男女は見かけた。

また、大学のキャンパス内に、チャイルドトレーラーを付けた自転車が置かれて、「この自転車を売ります」と書いた貼り紙が付けてあった。日本の大学では目にしない子供用品が大学キャンパスに置かれている様子に、日本の大学も、いつか様変わりするだろうと思った。

チャイルドトレーラー

子供用の椅子

ドイツで見た珍しい果物

1985年にテュービンゲンの街を歩いていて、八百屋の店先で温州みかんを見つけた。しかも日本の八百屋のように、バケツに入れて店頭に並べられていた。当時ドイツではオレンジばかり食べていたので、ドイツで初めて見た温州ミカンに感激し、旅の途中であったがバケツ一杯の温州ミカンを買って帰った。

2018年には、ドルトムントのスーパーで扁平な桃を見つけた。見た目で桃であることは分かったが、我々が知っている丸い桃ではなく、厚さ3センチほどの円盤状の桃だった。「Platt-pfirsich（扁平桃）」とか「Wildpfirsich（野生桃）」と書かれて店頭に並んでいた。

扁平な桃

大きなジャガイモ団子

ヴァイマールのレストランで、テューリンガー・クロース（クヌーデル）を食べた。肉料理の付け合わせに出される、直径10センチほどのモチモチ感のあるジャガイモ団子である。テューリンゲンのクロースは「クロースの王様」と言われ、この地方の名物であった。通常のメニューにはこの団子が2個付いているが、1個だけ付いたシニアメニューでも十分な量で、メインの肉料理より味わいのある郷土料理であった。

日本でお子様ランチはよく目にするが、ドイツにはシニアメニューがあることも初めて知った。お陰で無理をしなくても、名物料理を味わうことができた。

テューリンガー・クロース

町の紋章ペンダント

１９８０年代のドイツ滞在中には、小さな町を含めて50ほどの町を訪ねた。各町には紋章があり、その紋章を描いたペンダントチャームがあることを知ったので、各町を訪問した際には必ず購入して収集していた。この紋章ペンダントを地図上に配置した壁掛けを作って保管している。その後のドイツ訪問では紋章を追加できていないが、この紋章ペンダントの壁掛けは私の宝であり、40年前のドイツ滞在を思い出すよすがとなっている。

紋章と壁掛け

あとがき

30代半ばの1984年にドイツに足を踏み入れて以来ドイツを好きになり、その後も幾度かドイツを訪問した。そして、2019年に訪問したのを最後に、ドイツの地を踏む機会も無くなった。年齢を考えると、この先もドイツを訪問する機会は無いかもしれない。そんな思いの中で、この40年の間に訪ねたドイツの街、そこで見た城・教会・博物館などを整理して残しておきたいと思うようになった。冒頭の地図に示したように、私が今までにドイツで出会った街は相当な数になる。しかし、長期間滞在した街が南部のシュトゥットガルトと中部のドルトムントなので、訪ねた街の多くはドイツ中南部である。また、ドイツ統一前の1980年代には旧東ドイツを自由に訪ねるのは難しかったこともあり、ドイツ北東部の街を訪ねる機会が無かったのは残念である。

ドイツの街の見どころの多くは街の中心部（旧市街）に集まっており、中心部は歩行者天国になっている街が多く、観光名所や商店街を散策するのに大変便利であった。一方、ドイツの街を歩いていて困るのがトイレである。公衆トイレは少なく、トイレの場所を示す案内板も無いので、街中でトイレを探すのが難しい。大都市ではデパートのトイレを利用し、小さな街ではカフェやレストランで休憩してトイレを利用していた。カフェなどでトイレだけ借りることもできるが、躊躇いがあったのでトイレのために店の前のテラス席に座った。

この40年の間に撮り集めたドイツの写真は相当な数であり、全ては記憶に残っていない。そんな時に、最近のネット検索は大変便利である。どこで何を撮ったのか記憶も記録も無い写真も多くあるが、様々な可能性を基にネット情報を調べると、「そうだったのか・・」と納得できる情報が見つかって大変助かった。さらに、当時は知らなかった情報を得ることや、その施設の現状を知ることもできて、ネット検索は大変便利であった。

終活のつもりで、今までにドイツで出会った街・城・博物館を整理した。私がドイツと出会いドイツを愛するようになったのは、若い頃にご指導いただいた日独の恩師、元名古屋大学名誉教授の故戸澤康壽先生と、元シュトゥットガルト大学名誉教授の故クルト・ランゲ先生のご助言・ご支援のお陰である。改めて心より感謝申し上げます。また、二度のドイツ滞在に同伴して、ドイツでの生活を共にしてくれた妻にも感謝します。

2024年7月

金武 直幸

ドイツで出会った街・城・博物館

二〇二四年八月二〇日　初版発行

著　金武　直幸

発行所　株式会社　三恵社
〒四六二-〇〇五六
愛知県名古屋市北区中丸町二-二四-一
TEL　〇五二-九一五-五二一一
FAX　〇五二-九一五-五〇一九
URL　https://www.sankeisha.com

ISBN 978-4-86693-992-6